꼭 알아야 할
세계사 명장면

DK

꼭 알아야 할
세계사 명장면

생생한 그래픽으로 되살아난 역사 속 순간들

비룡소

DK | Penguin Random House

지은이 DK 『꼭 알아야 할 세계사 명장면』 편집 위원회
편집 선임 샘 케네디, 애나 스트라이퍼트 리머릭 **미술 편집 선임** 실라 콜린스
편집 미셸 크레인, 카밀라 홀리넌, 조지나 팰피, 저스틴 윌리스
디자인 믹 게이츠, 레이철 그레이디, 짐 그린, 베스 존스턴, 킷 레인, 그레고리 매카시,
수히타 다라밋, 하리시 아가왈, 프리앙카 샤르마-사디, 아키코 카토, 소피아 MTT
3D 일러스트 아트에이전시(배리 크라우처, 진-미셸 지라드), 앤젤로 리날디, 개리 해나, KJA,
애런 루이스, 피터불 아트스튜디오, SJC 일러스트레이션, 소피언 모멘
사진 자료 검토 새라 호퍼 **크리에이티브 리터치** 스티브 크로지어, 스테판 포도로데키
편집 주간 프란체스카 베인스 **미술 편집 주간** 필립 레츠
제작 재클린 스트릿-엘카얌, 시안 청 **발행** 앤드루 매킨타이어 **아트 디렉터** 캐런 셀프
어소시에이트 퍼블리싱 디렉터 리즈 윌러 **퍼블리싱 디렉터** 조너선 멧캐프
집필 이언 피츠제럴드, 리지 먼시, 로나 스킨
감수 마리아 페르난다 보자 코드로스 박사; 다니엘 사이벌스키; 소나 다타 박사;
비비안 델가도 박사; 디디아 딜라이저 박사; 피터 도일 교수; 조앤 플래처 교수;
폴 그린스타인; 피팔 헹 박사; 카타리나 허젤; 프란시스코 토레스 호슈테터; 스티븐 케이, FSA;
윌리엄 린지, OBE; 로이드 르웰린-존스 교수; 팀 몰틴; 데이비드 페츠;
마이클 H. 피얏; 마틴 폴킹혼 박사; 나타샤 레이놀즈 박사; 마이클 스콧 교수;
다나나자야 싱; 크리스틴 C. 스필러; 스티븐 턴불 박사; 스테파니 윈-존스 교수; 매리 케스턴 잔

옮긴이 서남희
대학에서 역사와 영문학을, 대학원에서 서양사를 공부했다.
지은 책으로 『그림책과 작가 이야기』 시리즈, 옮긴 책으로 『세계사를 한눈에 꿰뚫는 대단한 지리』,
『세계사와 지리가 보이는 특급 기차 여행』 등이 있다.

꼭 알아야 할
세계사 명장면

1판 1쇄 찍음 – 2024년 10월 1일
1판 1쇄 펴냄 – 2024년 12월 1일
지은이 앤드리아 밀스 **옮긴이** 서남희
펴낸이 박상희 **편집주간** 박지은 **편집** 이재원 **디자인** 김수인
펴낸곳 ㈜비룡소 **출판등록** 1994.3.17.(제16-849호)
주소 06027 서울시 강남구 도산대로1길 62 강남출판문화센터 4층
전화 02)515-2000 **팩스** 02)515-2007
홈페이지 www.bir.co.kr **제품명** 어린이용 각양장 도서
제조자명 Oriental Press **제조국명** 두바이 **사용연령** 3세 이상

Original Title: Incredible History: Lost Worlds Brought Back to Life
First published in Great Britain in 2022 by
Dorling Kindersley Limited
DK, One Embassy Gardens, Gardens, 8 Viaduct Gardens, London, SW11 7BW

ISBN 978-89-491-5480-0 74900
ISBN 978-89-491-5290-5 (세트)

www.dk.com

차례

시간 여행

이탈리아에 폐허로 남아 있는 고대 로마 도시 폼페이에서부터 캄보디아의 거대한 사원 지역인 앙코르에 이르기까지, 세상은 과거의 비밀을 엿볼 수 있는 실마리로 가득 차 있어요. 이 책에 담긴 멋지고 놀라운 곳들을 함께 탐험하면서, 우리보다 앞서 살았던 사람들에 대해 알아보아요.

4. 타이태닉호의 잔해
몹시 차가운 북대서양 해저 약 3,800미터에는 초호화 여객선 타이태닉호가 가라앉아 있어요. 이 배는 1912년 4월 15일에 침몰하고 말았지요.

1. 라파누이
태평양에 있는 이 섬은 칠레의 영토예요. 화산의 비탈에 나란히 서 있는 거대한 조각상들로 유명하지요.

보디
미국

난파선 위다호
미국

2. 스프루스 트리 하우스
미국 남서부 깊숙한 협곡에 있는 메사버드 국립 공원에는 푸에블로족 마을 유적이 있어요. 이곳은 절벽 면의 움푹한 구멍 속에 지어졌지요.

3. 마추픽추
페루의 안데스산맥에는 잉카의 도시가 있어요. 이곳은 한때 왕궁이었거나 종교의 중심지였을 거예요.

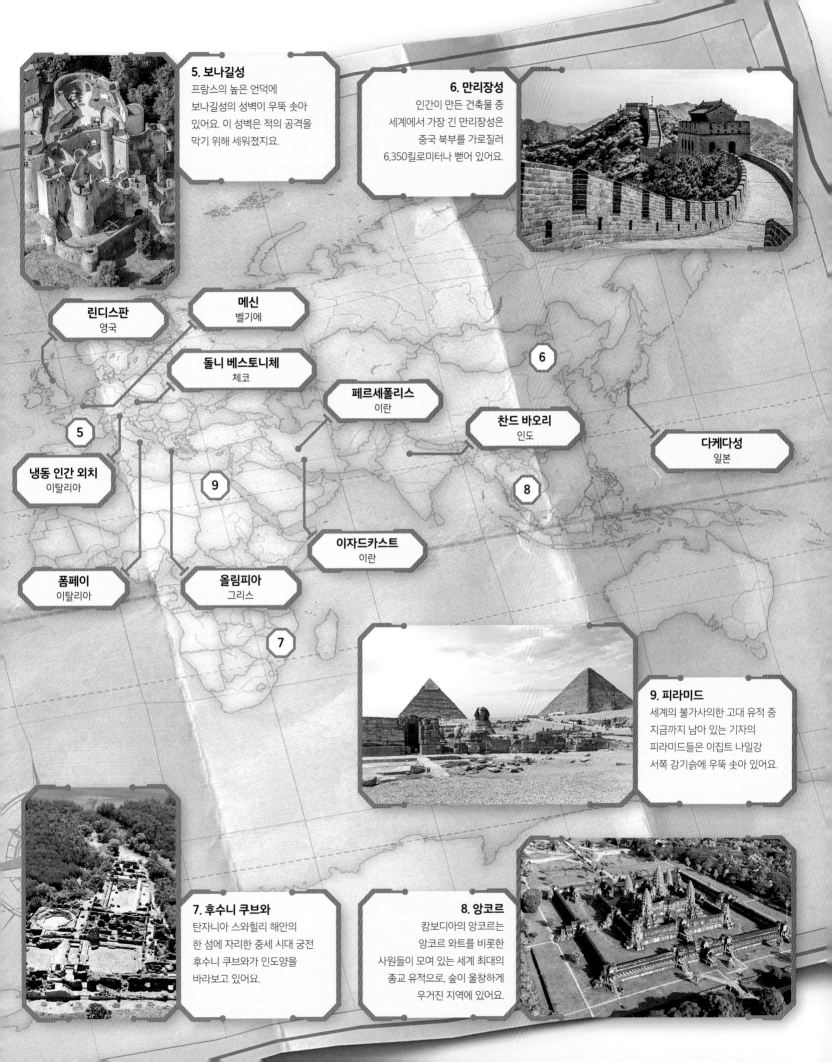

5. 보나길성
프랑스의 높은 언덕에 보나길성의 성벽이 우뚝 솟아 있어요. 이 성벽은 적의 공격을 막기 위해 세워졌지요.

6. 만리장성
인간이 만든 건축물 중 세계에서 가장 긴 만리장성은 중국 북부를 가로질러 6,350킬로미터나 뻗어 있어요.

린디스판
영국

메신
벨기에

돌니 베스토니체
체코

페르세폴리스
이란

찬드 바오리
인도

다케다성
일본

냉동 인간 외치
이탈리아

이자드카스트
이란

폼페이
이탈리아

올림피아
그리스

9. 피라미드
세계의 불가사의한 고대 유적 중 지금까지 남아 있는 기자의 피라미드들은 이집트 나일강 서쪽 강기슭에 우뚝 솟아 있어요.

7. 후수니 쿠브와
탄자니아 스와힐리 해안의 한 섬에 자리한 중세 시대 궁전 후수니 쿠브와가 인도양을 바라보고 있어요.

8. 앙코르
캄보디아의 앙코르는 앙코르 와트를 비롯한 사원들이 모여 있는 세계 최대의 종교 유적으로, 숲이 울창하게 우거진 지역에 있어요.

석기 시대 유적지

수만 년 동안 흙 속에 숨어 있던 돌니 베스토니체는 한때 100여 명의 석기 시대 사냥꾼들이 모여 살던 북적이는 곳이었어요. 이 거주지는 약 3만 년 전에 지어졌어요. 고고학자들은 이곳을 발굴하여 사람의 유골, 토기 조형물, 석기 시대 움집터 등을 발견했지요.

체코
돌니 베스토니체

석기 시대 유적지
돌니 베스토니체는 체코 남모라비아주에 있는 브르노시 근처의 파블로프 힐스에 있어요. 돌니 베스토니체 근처에서는 또 다른 석기 시대 유적지가 몇 군데 발견되었어요.

함께 묻힌 사람들
돌니 베스토니체에서는 십대 남자 세 명의 유골이 발견되었어요. 이들은 서로 닿아 있는 상태로 묻혀 있었고, 목걸이, 레드 오커(붉은 황토) 가루, 매머드의 뼈도 함께 발견되었지요.

오른쪽 해골은 한쪽 팔꿈치를 가운데 해골의 몸에 댄 상태로 묻혀 있었어요.

선사 시대의 예술
유럽의 석기 시대 유적지에서는 여성의 몸을 묘사한 작은 조형물들이 자주 발견되었어요. 돌이나 상아를 조각하거나 점토로 빚은 것이었지요. 돌니 베스토니체에서 나온 이 작은 여인상은 기원전 2만 8,000년 무렵 만들어진 것으로, 지금까지 발견된 토기 예술품 중 가장 오래된 것에 속해요.

점토로 빚어서 구운 이 여인상의 높이는 11센티미터예요.

왼쪽 해골은 팔을 쭉 뻗은 모양이었어요.

탄소 연대 측정법
모든 생명체에는 탄소가 들어 있고, 죽고 나면 탄소가 일정한 속도로 줄어들어요. 고고학자들은 오래된 뼈와 같은 유물에 남아 있는 탄소의 양을 파악해서 유물의 연대를 알아내요. 그것을 탄소 연대 측정법이라고 해요.

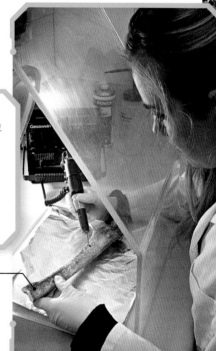

고고학자가 사람의 다리뼈에서 샘플을 얻고 있어요.

곰 조형물
돌니 베스토니체 근처에는 점토가 많아서 사람들은 점토로 동물을 빚었어요. 이렇게 곰 모양으로 만들고 모닥불에 구우면 단단한 조형물이 완성되었지요.

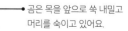

곰은 목을 앞으로 쭉 내밀고 머리를 숙이고 있어요.

숨어 있는 역사

돌니 베스토니체에서 사람이 산 것은 아주 오래전의 일이에요. 그래서 이 유적지는 강과 언덕 사이에 켜켜이 쌓인 흙 밑에 깊숙이 묻혀 있었지요. 1922년에 처음 이 유적지가 발견된 뒤로 발굴 작업이 계속되고 있어요. 방문객들에게 유적지와 석기 시대 조상들이 살았던 모습을 보여 주는 박물관도 세워졌지요.

돌니 베스토니체 유적지 뒤로 파블로프 힐스가 솟아 있어요.

움집에 살던 사람들은 강에서 물을 구했어요.

이곳은 지금은 농경지이지만 한때는 덤불로 무성한 늪지대였을 거예요.

복원한 움집

석기 시대 사람들은 나무로 기둥을 세우고 동물 가죽을 덮은 둥근 움집에서 살았어요. 한가운데에서 불을 피워 집 안은 따뜻했겠지만 연기가 자욱했을 거예요.

1 매머드
암컷 매머드가 무리에서 떨어졌어요. 매머드는 자신을 방어하기 위해 몸을 솟구쳐요.

2 매머드 무리
나머지 매머드 무리가 언덕 저 멀리로 달아나고 있어요.

3 숙여!
사냥꾼들은 몸을 숙이고 매머드로부터 물러나서, 빈틈을 노리고 있어요.

4 공격
사냥꾼들은 매머드와 어느 정도 거리를 유지하며 창을 던지려고 해요.

5 옷
가죽으로 만든 단순한 옷은 매머드의 공격을 전혀 막아 주지 못해요.

6 개
길들인 개들이 매머드 사냥을 돕고 있어요.

매머드 사냥

매머드 무리가 돌니 베스토니체를 지나가고 있어요. 정말 반가운 일이에요! 매머드 한 마리만 잡으면 많은 사람들을 먹여 살릴 수 있거든요. 하지만 매머드를 잡는 게 보통 일은 아니에요. 매머드가 휘두르는 엄니에 찔리거나 발에 밟히면 바로 목숨을 잃으니까요. 오늘은 사냥꾼들과 개들이 용감하게 매머드 사냥을 하는 날이에요.

사냥용 창

사냥꾼들은 상아나 뼈로 만든 창 끝에 작은 부싯돌 조각을 끼웠을 거예요. 이렇게 만든 창은 매우 날카로워서 동물의 질긴 피부를 뚫을 수 있었지요.

날카롭게 간 부싯돌을 끼운 창 끝

사나운 매머드

복원한 이 매머드의 뼈대를 보면, 오늘날의 코끼리보다 몸집이 크고 엄니가 훨씬 더 길었다는 걸 알 수 있어요. 암컷들과 새끼들은 무리를 지어 함께 살았지요.

매머드 엄니에 정교한 무늬를 아로새겼어요.

엄니 조각

매머드의 엄니로는 도구와 장신구, 무기를 만들었어요. 이 엄니에 새긴 소용돌이치는 선은 사람의 몸을 일정한 무늬로 표현한 것 같아요.

뼈 목걸이

이것은 뼛조각에 사람의 얼굴을 새긴 거예요. 돌니 베스토니체에서는 사람 얼굴 조각이 여러 점 나왔어요.

단순한 선으로 사람의 얼굴을 표현했어요.

순록 뿔로 도구를 만들기도 했어요.

순록 떼 사냥

돌니 베스토니체 사람들은 매머드뿐만 아니라 여름과 겨울 사이에 풀을 찾아 이동하는 순록도 사냥했어요. 나중에 먹기 위해 고기를 남겨 저장했지요.

7 순록

순록 떼가 언덕에서 풀을 뜯고 있어요. 매머드를 놓치면 다음 사냥감은 순록이에요.

8 정착지

사냥꾼들은 서로 보호하기 위해 작은 마을을 이루고 함께 살아요.

동굴 벽화
이 손 그림은 1만 3,000년에서 9,500년 전에
아르헨티나의 쿠에바 데 라스 마노스 동굴(손의 동굴)의
벽에 그려졌어요. 속이 빈 새의 뼈로 손 주위에 물감을 훅
불어서 만들었지요. 작은 손들은 아마 어린이의 손일
거예요.

냉동 인간 외치

1991년 어느 가을날, 독일 등산객 2명이 알프스에서 하이킹을 하다가 녹고 있던 얼음 속에서 튀어나온 사람의 머리와 몸통에 발이 걸렸어요. 그 시신은 약 5,300년 전의 것으로 밝혀졌어요. 도구들과 함께 발견된 꽁꽁 언 시신은 보존 상태가 매우 좋아서, 고고학자들은 실마리를 모아서 그의 이야기를 생생하게 되살리고 잔혹한 죽음을 둘러싼 수수께끼를 풀어냈어요.

냉동 인간의 무덤

등산객들이 이탈리아와 오스트리아의 국경에서 냉동 인간을 발견했어요. 수천 년 전에 그 사람은 며칠에 걸쳐 외츠탈 알프스의 고산 지대에서 티센요흐 고개까지 오른 뒤 사망했지요.

고사리

가시자두

아인콘

동기 시대(구리 시대)

금속기 시대 중 첫 번째 시기는 동기 시대예요. 돌 대신 금속을 추출하고 제련하여 도구로 만들기 시작한 때이지요. 냉동 인간이 죽은 지역에서 구리 도구와 화살촉 일부가 발견되었어요.

최후의 만찬

과학자들은 냉동 인간의 위에 담긴 내용물을 조사해서, 그가 마지막 식사로 아이벡스(야생 염소)를 먹었다는 사실을 발견했어요. 또한 냉동 인간은 아인콘(초기의 밀), 사슴 고기, 가시자두도 먹었어요. 그의 위에서는 고사리의 흔적도 발견되었는데, 어쩌면 약으로 먹은 건지도 몰라요.

외치의 부검

시신을 연구한 고고학자들은 외치가 갈색 머리를 가진 45세 남성으로, 몸무게는 약 61킬로그램이었다는 걸 밝혀냈어요. 법의학 검사에 따르면 그는 건강 상태가 좋지 않았고 관절염을 앓고 있었으며 피를 너무 많이 흘려 죽은 것으로 보고 있어요. 시신에서 새우나무의 꽃가루가 나온 것으로 보아, 사망 시기는 초여름이었을 거라고 해요.

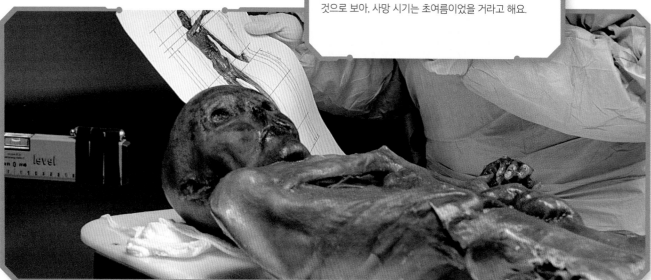

시신 파내기
독일 등산객들이 이 충격적인 발견을 알리자, 구조대가
출동해 얼음에서 시신을 파내려고 했어요. 압축 공기로
작동하는 끌을 사용해 보았지만, 시신은 꼼짝도 하지
않았지요. 며칠 뒤, 두 번째 구조대가 마침내 시신을
파냈고, 부검을 하기 위해 오스트리아로 보냈답니다.

눈과 얼음
시신은 눈과 얼음에
묻혀 있어서, 썩지 않았어요.
심지어 눈알까지 고스란히
발견되었죠!

수수께끼의 남자
처음에 사람들은 이것이
실종된 등산객의 시신인 줄
알았지만, 부검 결과
과학자들은 이것이
5,300년 전의 시신이라는
사실을 알아냈어요!

외츠탈 알프스
냉동 인간의 이름은 그가 발견된
산맥의 이름을 따서 외치 오아프터(Ötzi
Oafter)로 지어졌어요. 그는 중동부
알프스의 해발 3,210미터 높이인
외츠탈 알프스에서 사망했어요.

1 외치를 공격하는 사람
수상한 사람이 바위 뒤에 숨어
외치를 향해 활을 팽팽하게
당겨 화살을 쏘아요.

2 배낭
외치는 급히 도망치다가
낙엽송과 개암나무로 틀을
만들고 겉에 가죽을 댄
배낭을 떨어뜨려요.

3 부싯돌 단검
외치는 허리띠에 묶은 칼집
안에 물푸레나무 손잡이가
달린 부싯돌 단검을 넣고
다녀요.

4 허리띠와 주머니
외치는 허리에 두른 가죽띠로
외투도 여미고 도구들과
주머니도 달고 다녀요.

5 문신
외치의 몸에는 61개의 문신이
새겨져 있어요. 피부의 작은
상처에 그을음을 문질러서
만든 거예요.

6 화살
외치는 어깨에 부싯돌
화살촉을 맞았어요. 그는
이제 곧 죽게 될 거예요.

> "유럽 **신석기 시대 의복**에 대해
> **우리가 알고 있는 모든 것은**
> **외치** 덕분이다. 비교할 대상이 없다.
> **그가 유일하다.**"
>
> – 마르쿠스 에그 교수, 고고학자 (1954년생) –

기습을 당한 외치

5,300여 년 전 초여름이에요. 외츠탈 알프스의 어느 농촌에 사는 사냥꾼 외치가 빙하 위로 올라가고 있어요. 험난한 지형에 대비는 했지만, 요 며칠은 참 힘들었어요. 그는 괴한에게 쫓기고 있어요. 괴한의 칼에 손을 다친 채로요. 외치는 이미 한번 빠져나가긴 했지만, 이번에는 더 높은 산 위로 도망치면서 곧 위험이 닥칠 거라는 느낌을 받았어요. 안타깝게도 그 느낌은 들어맞고 말았지요.

자작나무 껍질로 만든 그릇은 가볍지만 매우 튼튼해요.

자작나무 껍질로 만든 그릇

고고학자들은 외치의 시신 근처에서 자작나무 껍질로 만든 둥근 그릇 두 개를 발견했어요. 자작나무 껍질 한 조각을 피나무의 섬유질로 꿰매 만든 것이었죠. 그중 하나에서 단풍나무 잎들과 숯 조각이 발견되었어요. 외치는 금방 불을 피울 수 있도록 불씨가 남은 숯을 나뭇잎으로 감싸 이 그릇에 넣고 다녔던 것 같아요.

둥근 자작나무 껍질 조각으로 그릇의 바닥을 댔어요.

초기의 침술

외치는 세계에서 가장 오래된 문신을 한 미라예요. 그의 몸에는 관절염을 앓은 곳에 선과 십자가 모양의 문신이 새겨져 있었어요. 과학자들은 치료 목적으로 이 문신들을 새긴 것이라고 생각해요.

손잡이 끝에 가죽끈으로 날을 묶었어요.

지위의 상징

외치가 죽었을 때 들고 있던 구리 도끼로 보아 그는 마을에서 지위가 높았을 거예요. 도끼로는 나무를 베고, 얼음을 잘랐으며, 무기로도 썼을 거예요. 지금까지 완벽한 모습으로 발견된 선사 시대 도끼는 이것뿐이에요.

신발의 바깥쪽과 안쪽을 가죽끈으로 묶어 밑창과 이었어요.

편안한 신발

외치의 신발은 따뜻하고 편안했겠지만, 비를 맞으면 발이 젖을 수밖에 없었을 거예요. 신발 바깥쪽에는 사슴 가죽을, 밑창에는 곰 가죽을 댔어요. 풀을 엮어 신발 틀을 만들고 안에 건초 뭉치를 넣어 발을 따스하게 했어요.

---

7 옷
외치는 매서운 날씨 때문에 염소와 양 가죽으로 만든 옷을 입고 있어요.

8 구리 도끼
외치가 가장 소중히 여기는 물건은 주목 나무에 구리 날을 댄 도끼예요.

피라미드

기자의 모래사막에는 수십 개의 무덤과 신전이
흩어져 있지만, 거대한 석조 피라미드 3개가
모든 것을 가리고 있어요. 이 거대한 구조물들은
고대 이집트의 지배자였던 파라오의 무덤이에요.
피라미드는 무려 4,500여 년 전에 인간의 힘만으로
건설한 경이로운 건축물이랍니다.

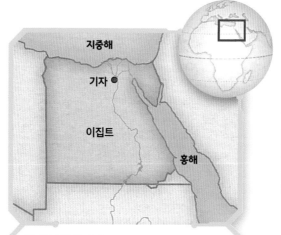

강 하류의 유적지
기자는 북쪽으로 흘러 지중해와 만나는 나일강
하류에 있어요. 이곳은 오늘날 이집트의 수도인
카이로의 가장자리에 자리하고 있지요.

카프레 좌상의
머리 뒤에 있는 매는
파라오를 보호하는 신
호루스의 상징이에요.

강을 통한 운송
고대 이집트인들은 나일강에 배를 띄워 물자를
운반했어요. 당시에는 무거운 짐을 먼 거리까지 나를
수 있는 방법이 물길뿐이었어요. 기자의 무덤과 신전을
장식하기 위한 돌은 이집트의 다른 지역에서 나일강을
따라 실어 왔지요.

영원히 사는 카프레
카프레는 고대 이집트 고왕국 시대의 지배자인 파라오로, 기원전 2558년
무렵부터 2532까지 이집트를 다스렸어요. 고대 이집트의 지배자들은
건물과 조각상을 만들어 그것을 통해 영원히 살기를 바랐어요.
카프레는 피라미드 옆에 신전을 짓고, 그 안에
자신의 조각상을 300개 넘게
세웠답니다.

사후 세계를 위한 보물
기자에 우뚝 선 3개의 피라미드 근처에 늘어선
작은 무덤에는 왕족과 중요한 사람들이
많이 묻혀 있어요. 매장할 때는 금과
장신구 등의 귀중품도 함께 넣었지요.

이 팔찌는 카프레의 할머니인
헤테프헤레스 1세의 무덤에서 발견되었어요.

쿠푸의 대피라미드는 기자의 세 피라미드 중 가장 높아요. 가장 작은 것(사진에 안 나옴)은 멘카우레의 피라미드로, 셋 중 가장 마지막에 지어졌어요.

카프레는 아버지인 쿠푸보다 더 높은 지대에 피라미드를 세웠어요. 그래서 그의 피라미드는 실제보다 더 높아 보여요.

대스핑크스는 높이가 20미터이고, 사자의 몸에 사람의 머리를 얹은 모습이에요.

무덤 안으로

고고학자들은 기자에서 200년 넘게 발굴을 하고 있어요. 지금은 한때 모래로 덮여 있던 유적지의 일부가 발굴된 상태예요. 신전의 폐허들 사이로 걸어가서 무덤 안에 들어가면, 좁은 통로를 따라 피라미드 내부의 묘실까지 들어갈 수 있어요. 기자에서는 지금도 새로운 유물과 무덤이 발견되고 있답니다.

기자의 발굴은 진행 중

기자에서는 지금도 발굴 작업이 계속되고 있어요. 오늘날 고고학자들은 피라미드를 세운 사람들과 그 안에 묻힌 파라오에 대해 더 많은 것을 알아내려고 노력하고 있어요.

사후 세계

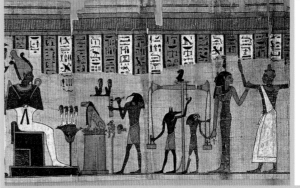

고대 이집트인들은 죽은 뒤에도 삶이 계속된다고 믿었어요. 이 그림에서 아누비스 신은 죽은 자의 심장과 진리의 여신의 깃털을 저울 양쪽에 올려 무게를 달아 봐요. 사후 세계로 보낼 만큼 그가 착한지 알아보는 거예요.

기자는 공사 중!

이제야 아침 햇살이 번지기 시작하는데, 카프레의 피라미드 공사는 벌써부터
진행 중이에요. 일꾼들이 이 거대한 무덤 공사를 서둘러 마무리하고 있어요.
한편, 카프레와 신하들이 진행 상황을 점검하러 도착했어요.
그들은 공사 현장의 자욱한 먼지와 땀에서
멀찍이 떨어져 편안하게 앉아 있어요.

1 스핑크스
사막에 우뚝 세워진 돌로 스핑크스의 머리를 조각하고 있어요.

2 카프레의 무덤
피라미드는 이제 거의 다 지어가요. 완공되면 카프레가 죽을 때를 기다리겠지요.

3 쿠푸카프 1세
카프레의 동생인 쿠푸카프는 총리예요. 그는 모든 계획을 꼼꼼히 살피지요.

4 왕비
카프레의 누이이자 아내인 카메레네브티가 이 무덤에 찬사를 보내고 있어요.

5 파라오
카프레는 공사 진행 상황이 만족스러워요. 이 피라미드를 통해 그는 영원히 살게 될 거예요.

6 그늘막
파라오 카프레와 그의 왕비들은 점검을 위해 마련된 시원한 그늘막 안에 앉아 있어요.

7 경사로
경사로를 따라 거대한 돌덩어리들을 끌어 올려 피라미드의 높은 층으로 운반해요.

8 점검
새로운 돌덩어리들이 막 도착했어요. 석공들은 혹시라도 흠이 있는지 돌을 꼼꼼히 살펴요.

9 마스타바
지붕이 평평한 이 무덤은 마스타바라고 해요. 카프레의 동생인 쿠푸카프 1세를 위해 짓는 중이에요.

10 대피라미드
카프레의 아버지인 쿠푸의 거대한 무덤이 기자에 우뚝 솟아 있어요. 그 아래의 모든 것이 아주 작아 보이네요.

11 왕비의 무덤
카프레의 어머니인 헤누센 왕비 같은 왕실 여성들은 자기만의 작은 피라미드가 있었어요.

12 굴림대
나무로 만든 굴림대를 돌덩어리 밑에 넣으면 무거운 돌을 끌 때 힘이 한결 덜 들어요.

대피라미드 안은
어떻게 생겼을까?

카프레의 아버지인 파라오 쿠푸는 자신과 함께 묻힌 보물을
도굴꾼들이 탐내리라는 것을 잘 알고 있었어요. 그래서
피라미드를 여러 겹의 방어벽으로 설계하여 묘실을 봉인한
후에는 도굴꾼이 침입할 수 없게 했지요. 그러나 안타깝게도
쿠푸의 방어책은 도굴꾼을 막을 만큼 교묘하지 않았어요.
그가 죽은 지 수백 년 뒤, 묘실은 약탈당하고 말았답니다.

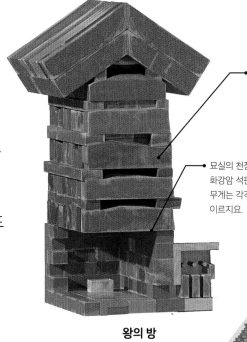

피라미드의 맨 꼭대기에 있는 갓돌은
옛날에는 금으로 덮여 있었을지도 몰라요.

묘실 위에는 층층이 5개의 방이 있어요.
맨 위에 있는 돌덩어리의 압력을
분산시키려고 만든 거예요.

묘실의 천장을 이루는 9개의
화강암 석판은 길이가 5.5미터이고,
무게는 각각 약 25-40톤에
이르지요.

왕의 방
피라미드의 중심에는 쿠푸의 묘실이 있어요.
전체적으로 붉은 화강암으로 만든 이 방에는
그와 어울리는 화강암 석관(사르코파구스)이
놓여 있어요. 묘실 입구는 3개의 거대한
화강암 덩어리로 막혀 있답니다.

이집트
아비도스에서
발견된 이 쿠푸
조각상은 상아로
만들어졌어요.

바깥층은 새하얀 석회암이
덧대어져 있고, 그 안쪽은 주변
사막에서 채석한 돌덩어리가
거대한 계단을 이루고 있어요.

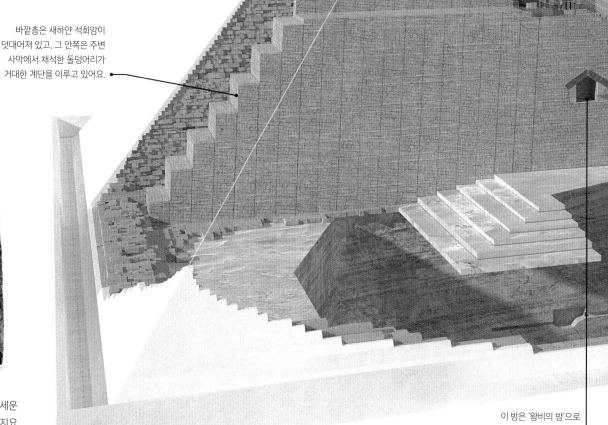

파라오 쿠푸
쿠푸는 기자에 처음으로 피라미드를 세운
파라오예요. 그의 피라미드가 가장 크지요.
정확하게 남북으로 정렬되어 있고,
거의 완벽한 정사각형이에요.

이 방은 '왕비의 방'으로
알려져 있지만, 진짜 왕비의
시신이 있는 방은 아니에요. 왕비는
자기 피라미드가 따로 있거든요.

장례용 배

1954년, 이집트의 한 고고학자가 대피라미드 근처 구덩이에서 조각조각 분해된 나무배를 발견했어요. 나뭇조각에 새겨진 기호 덕분에 쉽게 다시 조립할 수 있었지요. 파라오의 장례식 때 이 배로 시신을 실어 날랐을지도 몰라요.

쿠푸의 배 모형을 보면 배를 다 짜맞췄을 때 어떤 모습이었는지 알 수 있어요.

석회암을 세심하게 잘라 매끄럽게 연마해 겉면을 덮었기 때문에 피라미드는 반짝반짝 빛났어요.

그랜드 갤러리

대회랑이라고도 불리는 이곳은 피라미드에서 가장 큰 공간으로, 길이가 47미터이고, 천장 높이가 8.6미터에 가까워요. 가파른 통로를 따라 올라가면 파라오의 묘실이 나와요.

그랜드 갤러리

이 통로는 무덤 안팎을 잇는 유일한 길이에요. 파라오를 묻은 뒤, 사제들은 이 길을 통해 피라미드에서 나와 출입구를 막았지요.

대피라미드를 세우는 데 쓰인 돌덩어리는 무려 **230만 개**나 돼요.

통로를 따라가면 피라미드 아래쪽에 돌을 파서 만든 또 다른 묘실이 나와요. 원래 쿠푸의 묘실로 만들었거나, 도굴꾼들을 헷갈리게 하려고 만든 것일 수도 있어요.

카노푸스 단지

이집트인들은 시신을 미라(완전히 말려 천으로 싼 시신)로 만들어 매장했어요. 시신의 장기는 너무 축축해서 미라로 만들 수 없었기 때문에 먼저 떼어 내야 했어요. 떼어 낸 장기는 카노푸스 단지라는 항아리에 보관했지요.

무덤 꾸미기

쿠푸의 대피라미드 동쪽에서는 중요한 새 건축물을 한창 짓고 있어요.
파라오 쿠푸의 아들이자 파라오 카프레의 형제인 쿠푸카프 1세의
평평한 무덤인 마스타바를 세우고 있거든요. 쿠푸카프는 왕족이기 때문에,
뛰어난 장인들이 그의 무덤을 꾸미고 있어요.

완성된 조각에
생명력을 불어넣기 위해
화려하게 색칠하고 있어요.

쿠푸카프의 생애

무덤 벽면에는 쿠푸카프의 생애를 새겨 놓았어요.
이 장면은 그가 사후 세계에서 쓸 제물을 받고 있는
모습이에요. 지금은 색이 다 바랬지만,
원래는 밝은색으로 칠해져 있었을 거예요.

사후 세계를 위한 물건(부장품)

무덤에는 죽은 사람이 사후
세계에서 쓸 모든 것을 넣어
두었어요. 옷, 가구, 먹을거리,
장신구 등 빠진 게 없었지요.
일반 사람들은 소박한
물건을, 왕족들은
최고급 물건을 넣었어요.

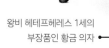

왕비 헤테프헤레스 1세의
부장품인 황금 의자

기름등잔을 밝혀 작업하기

이집트인들은 기름을 가득 채운 그릇에
리넨을 꼬아 만든 심지를 세워 등잔으로 썼어요.
무덤에서 일하는 예술가들은 보통 참깨나 피마자
같은 식물성 기름을 사용했고, 혹시라도 기름이 타서
연기가 그림을 망치지 않도록 소금을 넣었어요.

신성 문자

고대 이집트인들은 양식화된 그림 체계를 이용해서 글을 썼는데, 이 체계를 신성 문자(히에로글리프)라고 해요. 무덤에는 한 사람의 삶과 가족에 관한 이야기를 신성 문자로 새겨 기록하곤 했어요. 쿠푸카프 무덤의 비문에는 그가 이집트의 총리이자 왕비의 아들이라고 나와요.

그림 재료

고대 이집트에서는 풀이나 갈대 다발을 끈으로 묶어 만든 붓을 썼어요. 대부분의 물감은 천연 광물로 만들었는데, 예를 들면 산화철로 노란색, 황토색, 빨간색 등을 만들었지요. '이집션 블루'라는 푸른색 물감은 여러 물질을 섞어 만든 인공 안료였어요. 높은 온도에서 광물을 섞어 가열하여 만들었기 때문에 가격이 매우 비쌌지요.

회반죽을 갓 칠한 무덤 벽에 숙련된 예술가들이 밑그림을 그려요.

석공이 예술가들의 밑그림을 따라 벽에 조각을 하고 있어요.

마스타바는 **'벤치(긴 의자)'**를 뜻하는 **아랍어**에서 나왔어요. 이 무덤이 **벤치 모양**이었거든요.

무덤 벽화

나일강에 떠 있는 이 배 그림은 무덤 벽에 있는 그림으로, 작업에 꽤 오랜 시간이 걸렸어요. 장인이 벽에 회반죽을 바르면 예술가는 밑그림을 그리고 마지막에 색을 칠했지요.

돌 운반하기

파라오 카프레의 새 피라미드에 쓰일 거대한 돌덩어리들이 항구에서 도착했어요. 피라미드로 운반하기 위해 일꾼들이 그 돌들을 썰매에 실어요. 이 무거운 돌덩어리를 그냥 끄는 건 아니에요. 나무로 만든 굴림대를 썰매 밑에 받치고, 굴림대들을 계속 이어 놓으면서 일꾼들이 썰매를 끌고 가지요.

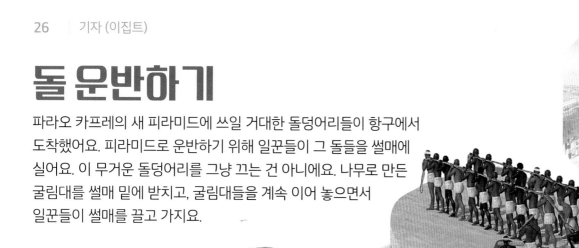

수직추
피라미드는 나무, 끈, 돌로 만든 간단한 도구인 수직추를 이용해서 정확하게 쌓아 올렸어요. 가는 줄에 작은 추를 달아 공중의 한 점에서 늘어뜨리면, 가는 줄이 중력 때문에 수직선을 이루게 돼요. 따라서 수평이나 수직을 정확하게 맞출 수 있어요.

이 사람은 돌 운반 팀들끼리 서로 부딪치지 않도록 방향을 지시하고 있어요.

석공의 도구
석회암은 구리로 만든 끌로 매끄럽게 다듬었어요. 석공은 한 손에 끌을 잡고 그것을 나무망치로 두드렸어요. 날이 금방 뭉툭해지기 때문에, 날을 갈아 주는 일꾼들이 항상 옆에 있었어요.

바구니

망치

석공은 돌덩어리의 모양을 잡아 가며 매끄럽게 다듬어요.

나무 썰매로 거대한 돌덩어리를 옮겨요.

끌

"**맥주**를 입 안에 가득 부은 **남자**는 매우 **흐뭇해지게** 마련이다."

– 이집트 속담, 기원전 2200년 무렵 –

이 부적은
호루스의 눈이에요.
홍옥수라는 광물에
새긴 거지요.

보호 부적

고대 이집트에서 부적은 보호의 힘이 있고,
그 힘이 부적을 지닌 사람에게 전해진다고 믿었어요.
부적의 모양과 색깔은 저마다 특정한 의미가 있었어요.
예를 들어 호루스의 눈은 치유를 상징하고
주황색이나 빨간색 홍옥수는 에너지와 힘을 상징했지요.

섬세한 장신구

고대 이집트에서는 남자, 여자, 어린이
모두 장신구를 했어요. 또한 죽으면
사후 세계로 가져갈 수 있기를 바라며
함께 묻기도 했지요. 이 조각에는
금속 세공인들이 빗장뼈와 가슴 위에
걸치도록 널찍한 구슬 목걸이를 만드는
모습이 새겨져 있어요.

썰매 앞에 물을 부으면
썰매가 매끄럽게 더
잘 나아가요.

이 무거운 항아리를 옮기려면
일꾼 두 사람이 필요해요.
내용물이 넘쳐흐르지 않게
아주 조심해야 하지요.

맥주 빚기

맥주는 고대 이집트에서 즐기던 음료로,
노동자들이 자주 마셨어요. 무덤에 함께
넣은 이 모형에서처럼, 주로 여자가
맥주를 빚었어요. 이들은 빵을 물에
넣고 으깬 뒤 항아리에서 발효시켜
맥주를 만들었어요. 단맛을 내기 위해
대추야자와 꿀을 넣었지요.

돌덩어리 하나는
약 1.8톤이나 나가요.

이집트 무덤 벽화
부유한 이집트인들의 무덤은 복잡하고 화려한 그림으로 가득했어요. 그림에는 무덤의 주인은 누구인지, 사후 세계로 들어가기 위해 무엇이 필요한지에 대한 이야기가 담겨 있었지요. 테베의 무덤에 있는 이 그림에서는 개의 머리를 한 아누비스 신이 시신을 준비하고 있어요.

페르시아 궁전

이란 남쪽에 있는 한 산기슭에는 웅장한 고대 도시 유적인
페르세폴리스가 있어요. 이 도시는 실제로 사람들이
생활하는 곳이 아니라 페르시아 제국의 중요한 의식과
행사를 치르기 위해 건설한 곳으로, 왕궁과 신전이 모여
있었지요. 새해가 되면 페르시아 제국의 지배를 받는 모든
곳에서 이곳에 찾아와 황제에게 공물을 바쳤어요.

제국의 심장
페르세폴리스는 지금의 이란인 페르시아 제국의 수도
인근에 세워졌어요. 페르시아 제국은 이곳에서부터
동유럽과 인도 북서부 지역으로 세력을 뻗어 나갔지요.

다리우스 1세
페르세폴리스는 기원전
518년에 황제 다리우스 1세가
세웠어요. 그는 페르시아 제국을
사트라피라는 행정 구역으로
나누었어요. 각 사트라피는 1년에
한 번씩 황제에게 귀중한 선물을
보내 충성심을 보여야 했지요.

이 화려한 금은 세공품은
날개 달린 염소 모양이에요.

곱슬머리를
소용돌이무늬로
표현했어요.

이 조각상은
청금석으로 만들었어요.
강렬한 파란색으로
유명한 준보석이지요.

황실 가족의 두상
이 작은 조각상은 페르시아 왕비나
어린 왕자의 머리를 표현한 것 같아요.
알렉산드로스 대왕이 페르세폴리스를
공격했을 때 간신히 살아남은 유물이지요.

귀한 공물
펄쩍 뛰어오르는 염소를 표현한
이 조각상은 정교한 꽃병의 손잡이 중
하나였을 거예요. 이것은 황제에게 바친
공물의 일부였어요. 페르시아의 모든
사트라피는 공물을 바치지 않으면
가혹한 처벌을 받았어요.

아파다나

아파다나는 각국의 사절단을 맞이하던 페르세폴리스의 알현실을 부르는 말이에요. 사람들은 웅장한 계단을 올라 황제를 뵙고 가져온 선물을 바쳤어요.
아파다나는 기원전 330년 알렉산드로스 대왕이 페르세폴리스를 공격했을 때 다른 건물들과 함께 파괴되었어요. 그 뒤 거의 2,000년 동안 잊혔다가 17세기에 다시 세상에 모습을 드러냈지요.

한때는 20미터 높이의 기둥 72개가 아파다나의 지붕을 떠받쳤어요.

페르시아 전사들을 나타낸 부조가 궁전 벽을 장식하고 있어요.

기초

아파다나의 기초 아래에서 납작한 황금 평판 2개가 발견되었어요. 평판에는 페르시아 제국의 국경에 관한 글과 페르시아의 신 아후라 마즈다에게 감사하는 글이 세 가지 언어로 적혀 있어요.

아후라 마즈다

페르시아 사람들은 '지혜로운 신'이라는 뜻을 가진 조로아스터교의 신 아후라 마즈다를 믿었어요. 페르세폴리스에서 발견된 이 조각은 날개 달린 원반에서 솟아오르는 사람의 모습으로 아후라 마즈다를 표현하고 있어요.

축제

페르세폴리스에 축제 분위기가 넘실거려요. 새해맞이 축제인
노루즈 기간으로, 황제에게 공물을 바치러 온 사람들이 넘쳐 나거든요.
도시는 시끌시끌 북적이고, 제국 전역에서 온 사람과 동물로 발 디딜
틈이 없지요. 페르시아 관리들은 방문객들이 아파다나에 입장하기 위해
기다리는 동안 흥분하지 않는지 잘 지켜보고 있어요.

황소의 힘
페르시아에서는 기둥
맨 위를 사자, 그리핀, 황소 같은
동물들로 장식하곤 했어요.
그중에서 힘을 상징하는 황소 조각이
가장 인기였지요. 황소의 등은
지붕 무게를 받치는 데 도움이
되었어요.

황소의 가슴을
소용돌이무늬로
장식했어요.

이 뿔잔은 으르렁거리는
사자 머리 모양으로
장식했어요.

뿔잔으로 쭈욱!
노루즈는 활기 넘치는 행사이자, 축하의
시간이었어요. 페르세폴리스를 찾은 사람들은
이 축제에서 정교하게 조각된 뿔잔인 라이톤으로
음료를 마셨을 거예요.

살아 있는 선물
페르세폴리스에 새겨진
조각을 보면, 페르시아
제국 전역에서 동물을
바치려고 데려왔다는
것을 알 수 있어요.
이 조각에는 중앙아시아의
박트리아인들이 황제에게
낙타를 바치려고 데려온
모습이 새겨져 있어요.

전차와 도로
페르시아인들은 광활한 영토를 통제하고 병사와 물자를
빠르고 쉽게 이동시키기 위해 구석구석 도로망을 깔고
전차로 달렸어요. 이 작은 황금 전차 조각상은 지방
총독이 자기가 다스리는 지방을 방문하는
모습을 표현한 거예요.

이 사람은
지방 총독인
사트라프일 거예요.

말 네 마리가
전차를 끄는 모습

1 불멸의 부대
극한 훈련을 받은 최정예 병사들로 이루어진 불멸의 부대가 황제를 호위해요.

2 박트리아 낙타(쌍봉낙타)
황제에게 바칠 이 낙타는 중앙아시아의 박트리아에서부터 먼 길을 걸어왔어요.

3 남쪽에서 온 선물
이집트 남쪽의 누비아에서 온 이 사람들은 상아와 이국적인 동물인 오카피를 가져왔어요.

4 차례차례
사람들이 차례를 지키며 계단을 올라요. 제국의 수도에서 온 사람들이 먼저 올라가지요.

5 한눈파는 사람들
아파다나로 오르던 황제의 신하들이 아래쪽이 시끌벅적하자 주의가 산만해졌어요.

6 잠깐 한잔
북쪽에서 온 스키타이인이 축하 행사 도중에 한잔 즐기고 있어요.

7 군중 관리
페르시아 관리 두 사람이 행렬의 이동을 관리해요. 이들은 높은 전차에 서 있어서 전체를 한눈에 볼 수 있어요.

8 귀중한 가루
신드(지금의 파키스탄)에서 온 사람은 귀중한 금가루가 가득 담긴 항아리를 들고 있어요.

9 대체 무슨 냄새지?
많은 동물들 때문에 사방에 똥이 널려 있어요. 이 자리에 있다면 코를 막고 싶을 거예요!

10 화난 어미
이 커다란 고양잇과 동물은 공물로 데려온 거예요. 어미는 새끼를 빼앗겨 잔뜩 화가 났어요.

11 위험한 놀이
한 스키타이인이 새끼 사자를 어르고 있어요. 성난 어미가 눈앞에 있다는 사실을 전혀 모른 채로요.

불멸의 부대 전사들
불멸의 부대는 페르시아 최정예 병사들만 들어갈 수 있었어요. 이들은 전쟁에서 공격을 이끌고 황제의 개인 경호도 했지요. 페르시아 황궁이 있던 도시 수사에서 발견된 이 모자이크는 창과 활, 화살이 가득한 화살통으로 무장한 불멸의 부대 전사들을 담고 있어요.

올림픽 경기

언덕이 구불구불 이어진 그리스의 시골에 신성한
올리브나무 숲이 우거져 있고, 그 옆에는 제우스
신을 기리는 곳인 올림피아가 자리 잡고 있어요.
이곳에서는 기원전 776년부터 기원후 393년까지
4년마다 제우스 축제가 열렸고, 그리스 최고의
문화 행사인 올림픽 경기도 함께 열렸어요.

1 경기장에서는 경주와
창던지기 같은 운동 경기가
열렸어요.

올림픽 경기의 발상지
올림피아는 그리스 본토 남부의 펠로폰네소스
지역에 있어요. 이곳은 두 개의 강이 만나는 곳으로,
이오니아해에서 내륙으로 가까운 거리에 있지요.

운동선수가 팔을 뒤로 쭉 뻗고
금방이라도 원반을 휘둘러
앞으로 던질 자세를 하고 있어요.

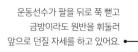

2 크로노스 언덕은
제우스의 신성한
나무인 떡갈나무와
올리브나무로 우거져
있어요.

스포츠의 이상
고대 그리스는 도시 국가가 모여 이루어졌고,
이들 사이에서는 전쟁이 끊이지 않았어요.
대부분의 스포츠는 속도와 힘같이, 전쟁에서
필요한 기술을 기반으로 했어요. 또한
그리스인들은 아름다움, 규율, 명예를
소중히 여겼고, 올림픽 경기는 이러한
모든 이상을 기리는 행사였지요.
운동선수들은 이 원반던지기 선수같이
조각상으로 표현되곤 했어요.

이 조각상은
고대 그리스인들이
중요하게 여긴
강인하고 탄탄한
체격을 보여 주지요.

제우스의 영광
그리스인들은 다양한 힘을 가진
신들을 섬겼어요. 올림픽 경기는
신들의 왕인 제우스를 기리기
위해 열렸어요. 제우스는 하늘의
신이자 맹세의 수호자이며,
질서와 정의를 관장하는
신이었지요.

발전하는 올림피아

올림피아는 기원전 6세기부터 건물과 조각상을 더 짓는 등, 수백 년에 걸쳐 발전했어요. 올림피아의 중심부는 이 사진에 보이는 제우스 신전과 헤라 신전 사이의 지역인 성역 주변에 지어졌어요. 나중에 경기장과 성역 사이의 벽, 훈련장, 방문객 숙소 등을 더 지었지요.

3 신들의 여왕인 헤라의 신전은 기원전 6세기에 올림피아에 지어진 첫 신전이에요.

4 제우스 신전은 올림피아에서 가장 중요한 신전이었어요. 기원전 5세기에 세워진 이 신전에 거대한 제우스 신상을 모셨어요.

5 기원전 3세기에 지어진 팔라에스트라는 권투 선수와 레슬링 선수 들이 훈련하던 곳이었어요.

기록으로 남은 증거

고대 올림픽 경기에 대해 우리가 알고 있는 대부분의 사실은 초기 여행가들이 자세히 쓴 기록 덕분이에요. 『그리스 안내기』 10권을 쓴 그리스 지리학자이자 여행가인 파우사니아스가 대표적이지요.

올림픽 주화

올림픽을 주최한 도시 국가인 엘리스에서 올림픽 기념 특별 주화를 제작했어요. 동전 한쪽에는 제우스를, 다른 한쪽에는 제우스의 신성한 독수리를 새겼지요.

PAVSANIAE VE
TERIS GRAECIAE
DESCRIPTIO.

Romulus Amasæus vertit.

L. Torrentinus Ducalis Typographus excudebat.
FLORENTIAE. MDLI.

축제 풍경

제우스 축제가 한창이에요. 그리스의 여러 도시 국가에서 올림피아로 모여든
선수들은 자신의 운동 실력을 빨리 뽐내고 싶어 몸이 근질거려요. 운동선수가
아니라도 즐길 거리가 많아요. 웅변가들의 연설을 듣고, 경기를 관람하고,
음식을 사 먹고, 새로운 소식도 들을 수 있지요.

1 헤라 신전
제우스의 아내인 헤라를
모시는 이 신전은
올림피아에서 가장 오래된
신전이에요.

2 제물
선수가 경기 중 부정행위를
하지 않겠다고 맹세하며
제물을 바치는 곳이에요.

3 제우스의 제단
이 제단은 희생당한 동물의
재로 만들어졌어요.
오늘은 소 100마리를
바칠 거예요.

4 보물 창고
이 건물은 제물로 바친
갑옷과 조각상 등의 귀중품을
보관하는 곳이에요.

5 바비큐
사람들이 야외 화덕에 불을
피웠어요. 고기 굽는 냄새가
사방에 솔솔 풍기기 시작해요.

6 경기장
이곳에서는 달리기와
뜀뛰기와 던지기 경기가
열려요. 언덕배기에는
4만 명이나 앉을 수 있지요.

7 긴 줄
앞에서 굽고 있는 고기를 맛보려고 사람들이 길게 줄을 서 있어요.

8 권투 경기
경기에서 진 선수가 손가락을 들어 패배를 인정해요. 권투 선수들은 보호복 없이 알몸으로 싸우지요.

9 조각상
경기장 주변에는 역대 올림픽 우승자를 기리는 섬세한 조각상들이 세워져 있어요.

10 제우스 신전
이 신전은 올림피아에서 가장 큰 건물이에요. 안에는 거대한 제우스 신상이 우뚝 서 있어요.

11 웅변가
이 웅변가는 군중에게 연설을 해서 자신의 이름을 알리려고 해요.

12 신성한 나무
이 남자는 우승자에게 줄 화환을 만들기 위해 올리브나무에서 가지를 자르고 있어요.

경기장

지금은 무장하고 달리는 경기를 치르는 중이에요. 경기장 주변은 관중들로
가득 차 있어요. 모두들 흥분해서 함성을 지르며 선수들을 응원하지요.
힘껏 달린 선수들은 다시 돌아오려고 전환점을 돌다가 서로 부딪치기도 해요.
심판석에서는 헬라노디카이들이 반칙하는 선수가 없는지 날카롭게
지켜보지요.

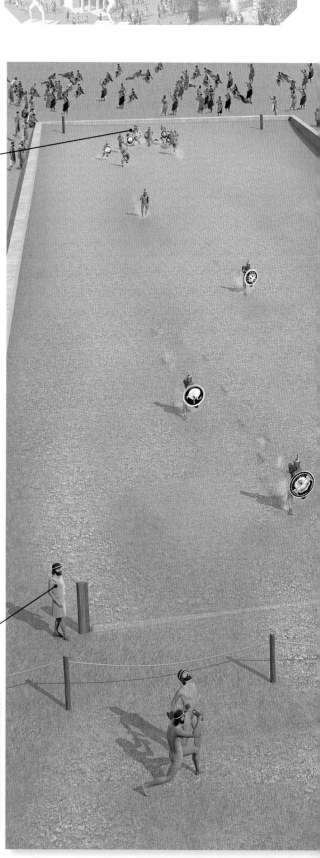

선수들은 전환점을 돌면서
넘어지지 않으려고 애써요.

올림픽 종목

육상은 올림픽에서 중요한 경기였어요. 종목에는
창던지기, 멀리뛰기, 원반던지기, 달리기가
있었어요. 다른 경주도 많았어요. 이 꽃병에서
볼 수 있듯이, 달리기 경기는 속도를 늦출
수 있는 것을 입거나 차지 않고, 완전한
알몸으로 달리는 경기였어요

이 꽃병 그림에서는
세 선수가 치열한
경쟁을 벌이고 있어요.

무장하고 달리기

오른쪽 사진과 같은 무거운 투구와 방패로 무장하고
달리는 경기도 있었어요. 경기는 경기장 한쪽 끝에서
다른 쪽 끝까지 힘껏 달린 뒤, 전환점을 180도 돌아
내려오는 방식으로 진행되었어요. 제대로 해내려면
속도와 힘, 둘 다 좋아야 했지요.

관리자는 부정행위가
적발된 선수에게
벌금을 내라고 명령해요.

우승 화환

이 그림은 올림픽 경기에서
우승한 선수가 최고의 상인
신성한 올리브나무 가지로
엮은 화환을 받는 모습이에요.
선수들은 명예도 얻고 일부는
돈으로 보상을 받기도 했어요.

관중들은 경주로를 더 잘 보려고 서로 밀어 대요.

심판들이 앉아 있는 이 구역에서는 경기장 전체를 한눈에 볼 수 있어요.

헬라노디카이

올림픽의 주최자와 심판을 헬라노디카이라고 불렀어요. 이들은 누가 경기에 출전할 수 있는지 결정하고, 선수들을 나이에 따라 나누고, 훈련을 감독하고, 승부가 아슬아슬한 경기에서 승자를 결정하고, 부정행위를 처벌했어요.

헤라이아

제우스의 아내이자 신들의 여왕인 헤라 여신을 기리며 여성을 위해 따로 열린 축제예요. 결혼하지 않은 여성만 참가할 수 있었고, 나이대는 셋으로 나누었어요. 우승자는 올리브 화환을 받았어요.

선수가 다리를 구부릴 수 있도록 치마를 들어 올려요.

점프 보조 도구

멀리뛰기 선수들은 할테레스라고 하는 돌을 양손에 하나씩 들고 뛰었어요. 공중으로 뛰어오를 때 이 돌을 앞으로 휘두르면 추진력이 높아져서 더 멀리까지 뛰어오를 수 있었거든요.

선수들은 이 구멍을 이용해서 할테레스를 잡았어요.

제우스 신전

기원전 470년에서 457년 사이에 완성한 이 신전은 신들의 왕을 모시는
장엄하고 아름다운 건축물이에요. 흰색 석고를 입혀 대리석같이 반짝이고,
얼마 전에 칠을 마쳐 모든 색이 밝게 빛나요. 안에는 거대한 제우스 신상이
신전을 지키고 있어요. 세워진 지 얼마 되진 않았지만, 그 크기와 화려함으로
이미 이름을 떨치고 있어요. 신전 계단을 오르는 수많은 방문객들은
이 조각상을 보고 전능한 제우스 신에게 존경의 마음을 바치지요.

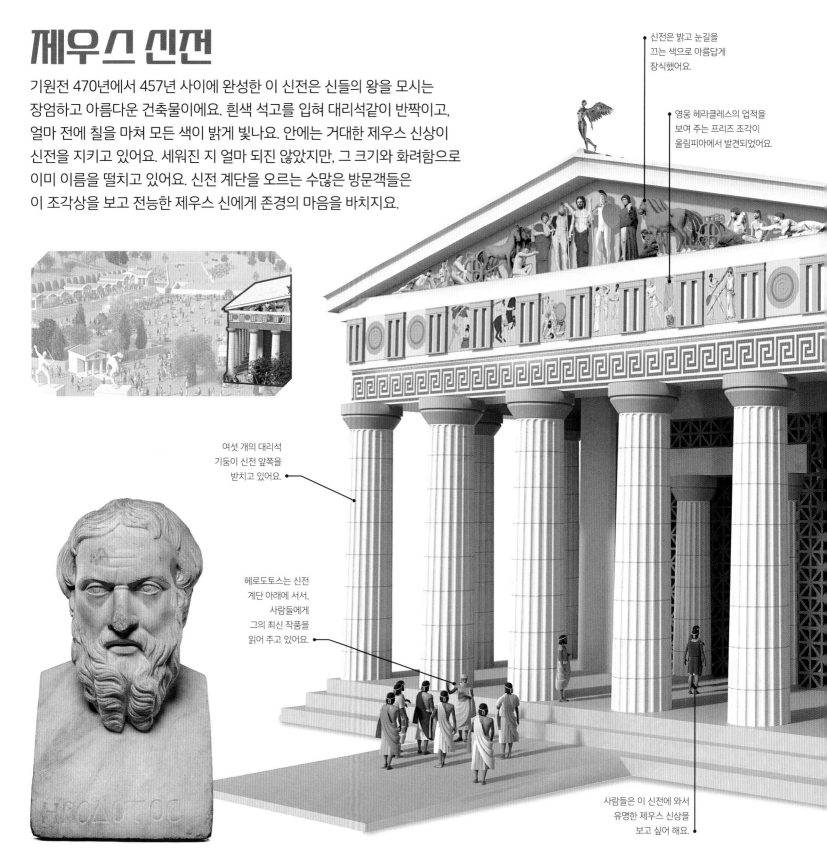

신전은 밝고 눈길을
끄는 색으로 아름답게
장식했어요.

영웅 헤라클레스의 업적을
보여 주는 프리즈 조각이
올림피아에서 발견되었어요.

여섯 개의 대리석
기둥이 신전 앞쪽을
받치고 있어요.

헤로도토스는 신전
계단 아래에 서서,
사람들에게
그의 최신 작품을
읽어 주고 있어요.

사람들은 이 신전에 와서
유명한 제우스 신상을
보고 싶어 해요.

헤로도토스

작가이자 역사가인 헤로도토스는 기원전 426년에
올림픽에 참가했어요. 그는 제우스 신전의 동쪽
계단에 서서 자신의 작품 『역사』를 큰 소리로
읽었어요. 올림피아에서 사람들이 관심을 기울이면
작가로 유명해질 수 있었어요.

"곧 누구나 **올림픽 우승자**보다 그를 **훨씬 더** 잘 알게 되었다.
헤로도토스라는 이름을 들어 보지 못한 사람은 아무도 없었다."

– 사모사타의 루키아누스, 기원후 2세기에 쓴 글에서 –

펠롭스와 히포다메이아

신전 동쪽에 있는 조각은 펠롭스와 히포다메이아의 이야기를 보여 주고 있어요. 펠롭스는 전차 경주에서 이기고 나서 히포다메이아와 결혼할 수 있었고, 이 승리를 기념하기 위해 올림픽 경기를 만들었다고 해요. 이 조각에서 펠롭스는 전차에 히포다메이아를 태우고 있어요.

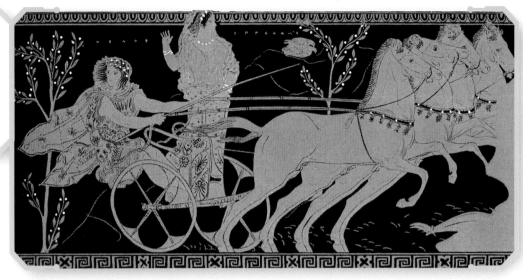

제우스는 오른손에 승리의 여신 니케의 조각상을 들고 있어요!

제우스는 왼손에 독수리가 달린 홀을 쥐고 있어요.

파이오니오스의 니케

니케는 승리의 여신이었어요. 이 조각상은 1875년 고고학자들이 발견한 파편을 바탕으로 다시 만든 거예요. 니케는 날개를 달고 옷자락을 휘날리며 날아가는 여성의 모습으로 표현되었어요. 이 대리석 조각상의 높이는 거의 2미터나 돼요. 전에는 조각 위에 색을 입혔을 거예요.

니케의 팔은 일부만 발견되었어요.

제우스의 거대한 조각상은 높이가 약 13미터나 돼요.

세계의 불가사의

올림피아의 유명한 조각가 페이디아스의 작업장에서 제우스 신상을 만드는 데 사용된 점토 주형 파편이 20세기에 발굴되었어요. 제우스 신상은 세계 7대 불가사의 중 하나로 알려지게 되었어요. 고대 올림픽이 막을 내린 뒤, 로마인들은 이 조각상을 콘스탄티노플로 가져갔지만, 나중에 화재로 사라지고 말았답니다.

이 주형에서 제우스 신상의 옷 주름에 사용된 형태를 알 수 있어요.

로마의 도시

기원후 79년 8월 24일 이른 오후, 베수비오 화산이 폭발하면서 연기와 화산재, 붉게 달아오른 암석으로 가득한 짙은 구름이 로마의 북적이는 항구 폼페이의 하늘을 가렸어요. 화산재가 도시 전체를 뒤덮으면서, 폼페이는 그 상태 그대로 완벽하게 보존되었어요. 이 유적은 고대 로마 사람들의 삶을 생생하게 보여 주는 중요한 열쇠가 되었지요.

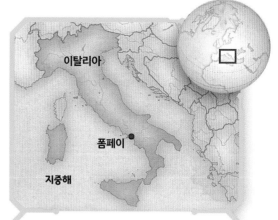

이탈리아

폼페이

지중해

로마 제국
폼페이는 로마 제국의 수도인 로마 남쪽에 있는 나폴리만의 작은 도시예요. 폼페이에는 약 2만 명이 살았는데, 그중 많은 사람들이 로마 제국의 시민이었지요.

파란색 병
베수비오 화산 폭발로 생긴 화산재 안에는 이 유리병같이 연약한 물건들이 매우 좋은 상태로 보존된 경우가 많아요. 역사학자들은 이 병을 꼼꼼히 연구해서, 어떻게 만들고 사용했는지 알아낼 수 있어요.

이 파란색은 유리에 광물인 산화 코발트를 넣어서 만들었어요.

이 사람은 화산재가 쏟아지자, 잔뜩 웅크렸어요.

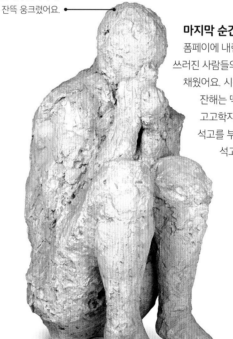

마지막 순간
폼페이에 내린 화산재 비는 재에 질식해 쓰러진 사람들의 시신 주위를 금세 가득 채웠어요. 시간이 지나면서 화산재와 잔해는 딱딱하게 굳었지요. 고고학자들은 시신이 남긴 구멍에 석고를 부어 죽을 때 모습 그대로인 석고상을 만들었어요.

작업 도구
유적지를 발굴할 때 고고학자들은 매우 조심스럽게 일해야 해요. 붓과 치석제거기 등의 도구를 쓰면 유물을 확인하는 데 도움이 되지요.

초기의 탐사
나폴리 근처에 고대 로마 도시가 묻혀 있다는 것은 잘 알려져 있었지만 1748년에야 발굴이 시작되었어요. 이 사진에서는 19세기 후반에 폼페이에서 발굴 작업을 하는 고고학자들을 볼 수 있어요.

옥상 유적
이곳에서 발굴되고 있는 사람은 이 재난에서 마지막까지 살아 있던 사람일지도 몰라요. 이들의 시신은 주택 옥상에서 발견되었어요. 위험에서 벗어나려고 그 위까지 올라갔을 거예요.

화산의 그늘
고대 도시 폼페이의 성벽은 유적지 주변으로 약 3킬로미터 정도 이어져 있어요. 그 주변으로 현대 도시 폼페이가 생겨났지요. 고대 로마 도시를 파괴한 화산인 베수비오산이 폐허 위에 우뚝 솟아 있어요. 폼페이가 묻힌 뒤에도 베수비오산은 여러 차례 분화했고, 앞으로도 언제 다시 폭발할지 알 수 없어요.

1 도시의 경계
폼페이는 아무나 들어올 수 없도록 주위에 성벽을 둘러 방어했어요.

2 격자형 설계
로마의 많은 도시들은 서로 직각으로 교차하는 격자형으로 도로를 설계했어요.

베수비오 화산 폭발
소 플리니우스라는 젊은 학자가 베수비오 화산 폭발을 지켜보았어요. 그 과정을 쓴 편지는 나중에 피에르 자크 볼레르와 같은 예술가들에게 영감을 주어, 이런 인상적인 그림이 나오게 되었지요.

마지막 날

기원후 79년 8월 24일이에요. 베티 길을 따라 폼페이 시민들은 이야기를 나누고, 물건을 사고,
평소같이 일을 하고 있어요. 이들 뒤의 산에서 검은 화산재 연기가 치솟아 올라요.
사람들은 어떻게 해야 할지 갈피를 못 잡고 있어요. 걱정해야 하는 상황일까요?
폼페이는 전에도 여러 번 지진으로 흔들린 적이 있었지만 이번에는 느낌이 매우 다르군요.

1 치솟는 화산재
하늘로 치솟는 거대한 화산재 구름은
끔찍한 화산 폭발이 일어날 거라는
첫 번째 경고예요.

2 상점 간판
폼페이의 상점들은 간판에 상점의
특징을 나타내는 조각을 걸어 놓았어요.

3 협상
아울루스 베티우스 콘비바가 지진으로
무너진 프레스코 벽화의 수리 비용을
협상하고 있어요.

4 각지에서 온 정착민
다른 지역에서 이탈리아로 온 많은
사람들이 폼페이에 터를 잡았어요.
이 북아프리카 남자도 그중 하나이지요.

5 징검다리
로마의 길에는 돌로 만든 징검다리를
놓았어요. 그래서 사람들은 발이
젖지 않은 채 길을 건널 수 있었지요.

6 지붕 수리
최근의 지진으로 기와가 깨졌어요.
폼페이에는 수리공이 할 일이 많아요.

7 로마인들의 낙서
낙서는 현대인이 처음 한 게 아니에요.
이 낙서는 이렇게 시작해요. "세쿤두스가
내 사랑 프리마에게 인사를 전합니다."

8 빵집
폼페이에는 적어도 35개의 빵집이 있어요.
집에서 굽는 것보다 사 먹는 게 훨씬
편하거든요.

9 간이식당
대부분의 집에는 부엌이 없어요. 그래서
이런 간이식당에서 음식을 사 먹어요.

10 쿵!
노예가 올리브기름 항아리를
떨어뜨렸어요. 로마 요리는
올리브기름을 아주 많이 써요.

11 말라 버린 수도
수도에서 물이 나오지 않아요. 지진
때문에 수도관이 망가졌나 봐요.

두려움에 휩싸인 빵집

제빵사는 늘 불 옆에서 일해요. 오늘도 꼭두새벽부터 빵집에 나와
평소처럼 일하고 있어요. 하지만 주위 사람들은 모두 불안한 표정이에요.
"왜 땅이 흔들리고 있지?" "세상에! 산 위에서 피어오르는 저 재 기둥
좀 봐." "왠지 위험이 닥칠 것만 같아. 얼른 도망가야 하지 않을까?"

고대의 빵
이 빵은 폼페이 인근
도시인 헤르쿨라네움의
어느 빵집 화덕에서
발견되었어요. 화산
폭발로 생긴 열 때문에
탄소로 변해 보존되어
있었지요. 왼쪽에는
이 빵의 품질을 보증하는
인장이 찍혀 있어요.

빵집은 일정하게 자른
돌덩어리를 모르타르로
붙이며 쌓아 지었어요.

제빵사의 아내는
도시를 떠날 생각으로
급히 돈을 챙기고 있어요.

로마 시대의 건물은
벽에 회반죽을 얇게 발라
매끄럽게 마무리했어요.

한 친구가 제빵사와 그의
아내에게 달려와서 상황이
심각하다는 것을 알리고
있어요. 지금 밖에서는 짙은
재 구름이 무서운 속도로
커지고 있다고 말이에요.

제빵사의 견습생은
방앗간 당나귀를
끌고 도망쳐요.

잃어버린 돈
로마 동전은 금, 은이나 청동으로
만들어졌고, 당시 황제의 초상이 찍혀
있었어요. 이 청동 동전의 인물은
베스파시아누스 황제예요.

빵집 바닥은 밀가루투성이예요.
늘 걸레질을 해서 닦아 내야 해요.

돌바닥은 단단해서 오래가고,
청소하기도 쉬웠어요.

값비싼 동물인 당나귀까지 있으니,
이 빵집은 장사가 매우 잘되고 있었나 봐요.

동전은 모두
1,385개나 돼요.
커다란 토기 안에
들어 있었죠.

"사람들은 **자신**이나 **친척**의 **운명**에 통곡했고,
죽음의 공포 속에서 차라리 **죽기를 기도하는** 이들도 있었습니다."

– 소 플리니우스, 로마 작가 (62-113년) –

낟알에서 빵으로

로마의 빵집은 직접 밀의 낟알을 갈아 밀가루를 만들고, 그것을 반죽해서 거대한 장작 화덕에서 빵을 구웠어요. 큰 빵집에는 거대한 두 개의 돌 사이에 곡물을 넣어서 가는 방아가 여러 개 있었어요. 당나귀나 말, 또는 사람이 방아를 돌렸지요.

이 방아를 돌려야 하는 당나귀는 이미 풀려났어요.

빵 굽는 화덕의 열을 계속 유지하려면 장작이 많이 들었어요.

이 남자는 도망칠까 말까 하다가 상황을 좀 지켜보려고 해요.

고대 로마의 밀가루는 최고급이어도 오늘날 우리가 쓰는 밀가루보다 거칠었어요.

이 개는 장식용 단추가 박힌 청동 개 목걸이를 하고 있었어요.

마지막 순간

로마인들은 개를 반려동물로, 또는 재산을 지키기 위해서 키웠어요. 이 개는 베수비오 화산이 폭발했을 때 묶여 있었어요. 목줄을 풀어 도망칠 수 없었던 개는 그 자리에서 죽고 말았지요.

불의 신

고대 로마인들은 불의 신 불카누스를 비롯한 많은 신을 섬겼어요. 로마인들은 불카누스에게 제물을 바치며 화산 폭발을 막아 달라고 기도했어요. 해마다 8월 23일에는 불카날리아라고 하는 불카누스 축제를 열었지요.

뒤숭숭한 선술집

이 선술집은 폼페이 사람들이 식사를 하거나 포도주를 즐기러
자주 찾는 곳이에요. 여느 때라면 사람들은 주문도 하고
새로운 소식도 주고받겠지만, 오늘은 분위기가 뒤숭숭해요.
보통 때보다 지진이 잦아서 사람들은 겁을 먹기 시작했어요.

로마의 상점에서는
건물에 주인 이름을
써 놓기도 했어요.

테이크아웃 간식

폼페이 사람들은 과일과
채소 및 생선, 견과류,
올리브, 렌틸콩을 즐겨
먹었어요. 화산 폭발
때문에 숯으로 변해
버린 먹을거리들은
수천 년 동안 완벽하게
보존되었지요.

새까맣게 탄화된
무화과의 잔해

호두

패스트푸드

고대 로마의 길거리 음식점은
테르모폴리움이라고 했어요.
이곳에서는 미리 조리한
음식을 카운터 위에 놓인
커다란 테라 코타 냄비에서
떠 주었지요. 수프, 스튜, 빵과
치즈 등이 인기를 끌었어요.

자주 쓰는 병

대부분의 사람들은 점토로 만든 접시, 컵, 병을 사용했을 거예요.
부자들은 청동으로 만든 것들을 썼을 테고요. 닭 모양의
이 병에는 물이나 포도주를 담았을 거예요.

이 사람은 지붕을 수리하느라 바빠서, 도시 위를 덮은 화산재 구름이 얼마나 큰지 이제야 보았어요.

체

국자

주전자

요리 도구

테르모폴리움의 요리사는 배고픈 많은 사람들에게 음식을 내놓아야 했어요. 빠르고 효율적으로 일하기 위해 집게, 착즙기, 국자 등 다양한 도구를 썼지요. 대부분의 도구는 청동 제품이었을 거예요.

벽화

로마인들은 프레스코화라는 그림으로 벽을 장식했어요. 벽에 회반죽을 바르고, 아직 젖어 있을 때 재빨리 그 위에 그림을 그렸어요. 반죽이 마르면 색도 그대로 고정되어 그림이 완성됐지요.

수도는 황소 머리 모양의 조각으로 장식되어 있어요.

가룸은 암포라라고 하는 커다란 점토 항아리에 보관하고 운반했어요.

액젓

가룸은 로마인들이 가장 좋아하는 소스였어요. 생선, 생선 내장, 소금을 함께 섞어 썩도록 두었다가 만든 액젓이었죠. 가룸이 숙성될 때까지는 냄새가 무척 심했을 거예요.

바다 모자이크
로마의 웅장하고 화려한 건물들은 벽과 바닥을
모자이크로 장식했어요. 모자이크란 매우 작은 유리, 돌
또는 도자기 조각으로 만든 무늬를 말해요. 로마인들이
즐겨 먹던 해산물이 그려진 이 화려하고 섬세한
모자이크는 폼페이의 한 저택에서 발견되었어요.

중세 수도원

린디스판은 한때 번성했던 수도원(크리스트교 수도사들의 공동체)으로, 영국에서 처음으로 바이킹의 습격을 받은 곳이었어요. 지금은 원래 있던 건물의 흔적이 거의 없지만, 고고학자들은 한때 크리스트교 학문과 예술의 중심지로 이름 높았던 이 수도원에 대한 실마리를 찾기 위해 꼼꼼하게 발굴 작업을 하고 있어요.

북해

● 린디스판

영국

왕의 선물

린디스판섬은 지금의 잉글랜드와 가까운 곳에 있어요. 기원후 635년, 앵글로색슨족이 세운 노섬브리아 왕국의 오즈월드 왕이 이곳에 수도원을 세웠어요. 왕은 에이단이라는 수도사에게 그곳에 공동체를 세우게 했지요. 그런데 새로 생긴 이 수도원에서 뱃길로 며칠만 가면 스칸디나비아 지역이었어요. 바이킹의 본거지 말이에요!

구리 반지 •

뼈로 만든
반지 •

반지와 유골

이 반지 한 쌍은 손가락뼈 조각에서 발견되었어요. 이 수도원에서 죽은 순례자(종교 여행자)의 반지였을 거예요.

앵글로색슨족의 현금

노섬브리아 왕국과 근처인 요크셔 왕국에서 나온 이 동전들은 가치가 높았어요. 린디스판은 모든 게 풍요로웠고, 수많은 부유한 방문객들이 즐겨 찾는 곳이었지요.

이 동전에는
앵글로색슨족 왕의
머리가 새겨져 있어요. •

이름을 새긴 비석

린디스판에서는 무덤을 표시하기 위해 이름을 새긴 비석을 세웠어요. 사암으로 만든 이 비석은 바이킹이 습격했을 무렵에 세워진 거예요. 원래는 밝게 채색하고 보석을 박아 넣었을지도 몰라요.

• 비석에는 여성의 이름인
'오스기스'가 새겨져 있어요.

12세기에 세운 작은 수도원 유적이
앵글로색슨족의 옛 수도원 터를
굽어보고 있어요.

섬의 발굴

린디스판은 793년에 바이킹의 습격을 받았지만,
크리스트교 공동체가 완전히 무너진 것은 아니었어요.
수도사들은 그곳에서 계속 살았고, 약 500년 뒤에
작은 수도원도 새로 세웠지요. 작은 수도원 유적은
지금도 남아 있어요. 고고학자들은 현재 정기적으로
발굴 작업을 하며 이 섬의 역사를 조금씩 밝혀내고
있어요.

돌로 하는 게임

파란색과 하얀색으로 반짝이는 이 작은
조각은 체스와 비슷한 전략 보드게임인
타플의 말이에요. 아마 이 지역의 부유한
남성이나 여성의 부장품으로 묻혔을
거예요. 바이킹도 타플과 비슷한 게임을
즐겼어요. 이 게임은 북유럽 전역에서
인기가 높았지요.

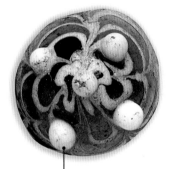

하얀색 구슬 5개가 왕관 모양을
이루는 것으로 보아, 이 말은 아마
왕을 나타냈을 거예요.

바이킹의 철기

천과 같은 재료와 달리, 철제 도구와
무기는 몇백 년 동안 땅속에서 살아남을
수 있어요. 바이킹이 쓰던 이 검은 처음
만들었을 때는 손잡이를 잡기 편하게
가죽으로 감쌌겠지만, 지금은 가죽이 썩어
없어지고 철만 남게 되었어요.

날밑은 싸울 때
전사의 손을
보호하는 장치예요.

1 게 섰거라!
이 바이킹은 교회의 보물을 가지고 도망친 수도사를 쫓고 있어요.

2 숙소
바이킹들은 수도사와 순례자의 숙소를 약탈하고 불을 질러요.

3 교회
이 교회는 돌로 지어졌기 때문에 나무로 지은 다른 건물들과 달리 불에 타지 않아요.

4 달아나는 주민들
수도원 주변에 생겨난 마을의 주민들이 바이킹을 피해 달아나고 있어요.

5 포로
포로들이 배로 끌려가기 위해 줄지어 있어요. 이들은 앞으로 스칸디나비아에서 고된 노예 생활을 하게 될 거예요.

6 겁에 질린 말
대장간 밖에서 말발굽을 갈기 위해 기다리던 말이 겁에 질려 펄쩍거리고 있어요.

바이킹의 습격

어느 여름 해가 질 무렵, 수상한 배들이 린디스판의 항구로 몰래 들어와요.
평화로운 이곳은 전리품과 포로를 노리는 난폭한 침략자들 때문에
이제 곧 연기가 자욱한 폐허로 변해 버릴 거예요.

7 나는 내가 지킨다!
대장장이는 바이킹이
대장간에 다가오지 못하게
무거운 망치를 휘두르고
있어요.

8 무시무시한 전술
바이킹은 집과 가족을
지키려는 마을 주민에게
마구 칼을 휘둘러 대요.

9 돌 십자가
조각을 새긴 이 돌 십자가는
여기 묻힌 린디스판의 주교
성 커스버트를 기리고 있어요.

10 성경
수도사는 몇 달 동안 애써
작업한 성경을 빼앗아 가지
말라고 바이킹에게 빌고
있어요.

11 탈출한 돼지!
새끼 돼지가 농장에서
탈출했어요. 중세의 돼지는
오늘날의 돼지보다 작고
털은 더 많았어요.

12 돛을 올려라!
바이킹의 배가 돛을 올렸어요.
이제 스칸디나비아로 떠날
준비가 됐어요.

성 커스버트

793년 바이킹이 습격하기 약 100년 전, 잉글랜드 북부에 있는 노섬브리아 왕국의 왕 오즈월드는 수도사인 커스버트를 린디스판의 주교로 임명했어요. 커스버트가 죽고 나서 린디스판에 있는 그의 무덤에서 기도를 한 사람들은 수많은 기적을 목격했다고 해요. 그러자 몇 년 안에 수천 명의 크리스트교 순례자들이 이 섬의 수도원을 찾아왔지요.

앵글로색슨족의 교회는 아름답게 채색한 벽과 아치로 장식했어요.

기도의 중심지

수도원 단지에 있는 여러 교회 중 가장 웅장한 교회인 본당은 지역 사회의 중심지였어요. 수도사들은 낮 내내 이곳에서 기도를 올렸고, 성 커스버트의 제단을 찾아오는 사람들이 줄을 이었어요.

도망치는 수도사가 바이킹에게 곧 잡힐 것 같아요.

새내기 수도사들은 귀중한 두루마리를 바이킹에게 빼앗기지 않도록 꽉 쥐고 있어요.

제단에는 황금 촛대와 십자가가 놓여 있어요. 바이킹은 이것을 가장 먼저 노릴 거예요.

보물 상자

크리스트교의 인물들로 장식한 이 이탈리아산 은 상자에서 볼 수 있듯이, 교회는 가장 귀중한 물건을 매우 화려한 상자에 보관했어요.

린디스판에서의 생활

린디스판은 매우 작은 섬이지만 수도원만큼은 크리스트교 세계에 널리 알려져 있어요. 수천 명이 이곳에 찾아와 기도하고, 수도사들의 작품인 아름다운 성경과 화려하게 장식한 종교 공예품에 감탄하지요. 수도원을 둘러싼 마을은 북적거리고 풍요롭지만 지키는 사람이 없어요. 바이킹에게 이 섬은 완벽한 먹잇감이에요.

린디스판 복음서

정교하고 아름다운 글씨로 장식한 이 화려한 책은 이드프리스라는 수도사의 작품으로 알려져 있어요. 금과 보석으로 장식했다고 알려진 표지만 사라졌을 뿐, 책은 지금까지 전해지고 있지요. 표지는 바이킹의 습격 때 빼앗겼을 거예요.

말을 보호하는 도구

앵글로색슨족이 사는 잉글랜드에서는 바닷길로 이동하는 게
가장 빨랐고, 그다음이 말을 타는 것이었어요. 대장장이들은
말의 발을 보호하는 말굽과 말을 더 편하게 탈 수 있는 등자를
만드는 중요한 일을 했답니다.

이 대갈못들은
말굽을 말의
발에 고정하는
역할을 했어요.

말굽

등자

말을 탄 사람은 발을
구멍에 넣고 막대에
걸치지요.

전설 속의 대장장이

대장장이는 높은 존경을 받았고
신화와 민담의 영웅이기도 했어요.
이 함에 새겨진 조각은 자신을
잡아가서 노예로 삼은 왕에게
잔혹하게 복수한, 기술이 뛰어난
대장장이 웨일랜드(맨 왼쪽)의
전설을 보여 주지요.

마을 대장간

대장장이는 마을에서 중요한 인물이었어요.
그는 대장간에서 금속을 두드려 물건을 만들고
고치기도 했지요. 많은 마을 사람들은 날마다 쓰는
도구가 잘 들도록 대장장이에게 가져왔답니다.

대장장이는 소중한 도구들을
모두가 볼 수 있게 여기 걸어
놓았어요. 하지만 결국 바이킹의
손에 들어가게 될 거예요.

지붕은 불에 잘 타는 초가지붕이에요.
대장장이는 불가마의 불꽃이 튀어
불이 붙지 않게 조심해야 하지요.

말은 비싸요.
이 말은 이곳
지주의 말이에요.

대장장이의 용감한 조수는
바이킹이 덮칠 때 스승의 곁을
지킬 준비가 되어 있어요.

대장장이는 하루 종일 무거운 금속을 다루며 보내요.
마을에서 가장 힘센 사람 중 하나이지요. 이제 그는
온 힘을 다해 침략자들과 맞서 싸울 거예요.

이 바이킹은 칼이든 뭐든
무기로 쓸 만한 것은 다
찾아다니고 있어요.

생활용품

린디스판에서는 농기구, 냄비, 핀, 부엌용 칼 등의 철기가
발견되었어요. 고고학자들은 칼과 창 같은 무기들도
발견했어요.

핀

바이킹 배(롱십)

린디스판을 습격한 바이킹은 고향인 스칸디나비아에서
서쪽으로 수백 킬로미터를 항해해 북해를 건너왔어요.
바이킹은 용감한 전사이며, 뛰어난 항해사이자 배를 만드는
훌륭한 장인이기도 했어요. 이러한 기술 덕분에 이들은
거친 바다를 건너 멀리까지 올 수 있었어요.

**철을 두드려
만든 날**

전투용 도끼
도끼는 무시무시한 무기였어요.
날카로운 곡선형 칼날과 긴
손잡이는 양손으로 공격하기에
완벽했지요.

투구
투구는 철로 만들었고, 눈과 얼굴을
보호하기 위해 얼굴 가리개와 코 가리개를
달기도 했어요. 안쪽에는 두꺼운 천을
댔고, 그 밑에 가죽끈을 달아
투구를 머리에 고정했어요.

**가죽옷 안에는
리넨을 덧댔어요.**

수호자 용
용은 바이킹의 강력한 상징이었어요.
이 금속 핀은 바이킹 신화 속의
용 니드호그의 머리를 나타내요.
니드호그는 신과 인간, 거인 모두가
살고 있는 세계의 중심인 생명의 나무
위그드라실의 뿌리를 야금야금
갉아 먹고 있어요.

**뱃머리에는 무시무시한
용머리를 달았어요.
악령을 물리치고 적에게
겁을 주려는 목적이었죠.**

**돛은 바람이 불 때만 이용해요.
잔잔한 날씨에는 돛을 말아 올리고
노를 저어서 항해하지요.**

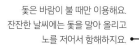

**작은 쇠사슬을
엮어 만든 튜닉 갑옷**

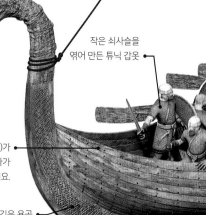

**바이킹의 배는 선체(몸체)가
좁아서 얕은 강을 거슬러 올라가
내륙 도시를 습격할 수 있어요.**

전투 때만 전사
린디스판을 공격한 바이킹은 직업적인 전사가 아니었어요. 린디스판
습격에 합류한 많은 사람들은 농부나 어부였어요. 형편이 좋은
사람들은 금속 갑옷을 입었고, 그렇지 않으면 가죽 튜닉을 입었어요.

**선체의 아래를 받쳐 주는 깊은 용골
덕분에 배는 거친 바다에서 비교적
안정적으로 항해할 수 있어요.**

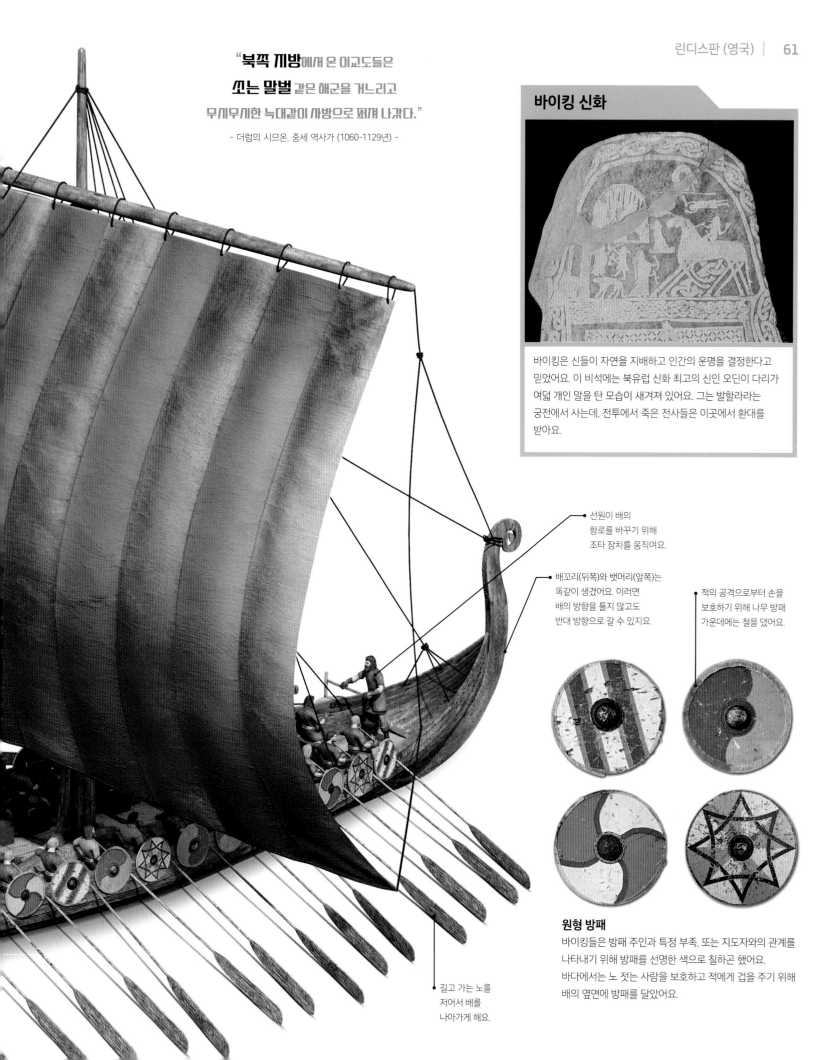

"**북쪽 지방**에서 온 이교도들은
쏘는 말벌 같은 해군을 거느리고
무시무시한 늑대같이 사방으로 퍼져 나갔다."

– 더럼의 시므온, 중세 역사가 (1060-1129년) –

바이킹 신화

바이킹은 신들이 자연을 지배하고 인간의 운명을 결정한다고 믿었어요. 이 비석에는 북유럽 신화 최고의 신인 오딘이 다리가 여덟 개인 말을 탄 모습이 새겨져 있어요. 그는 발할라라는 궁전에서 사는데, 전투에서 죽은 전사들은 이곳에서 환대를 받아요.

선원이 배의 항로를 바꾸기 위해 조타 장치를 움직여요.

배꼬리(뒤쪽)와 뱃머리(앞쪽)는 똑같이 생겼어요. 이러면 배의 방향을 틀지 않고도 반대 방향으로 갈 수 있지요.

적의 공격으로부터 손을 보호하기 위해 나무 방패 가운데에는 철을 댔어요.

원형 방패

바이킹들은 방패 주인과 특정 부족, 또는 지도자와의 관계를 나타내기 위해 방패를 선명한 색으로 칠하곤 했어요. 바다에서는 노 젓는 사람을 보호하고 적에게 겁을 주기 위해 배의 옆면에 방패를 달았어요.

길고 가는 노를 저어서 배를 나아가게 해요.

constituta e. qua fabule poetaru intastra

nerua que primu ea excogitasse

muicum fuerat hominib: pri

Habet autem stellas

mo mali .m. subcan

Atcanis adla uda serpetis plabitur argo.

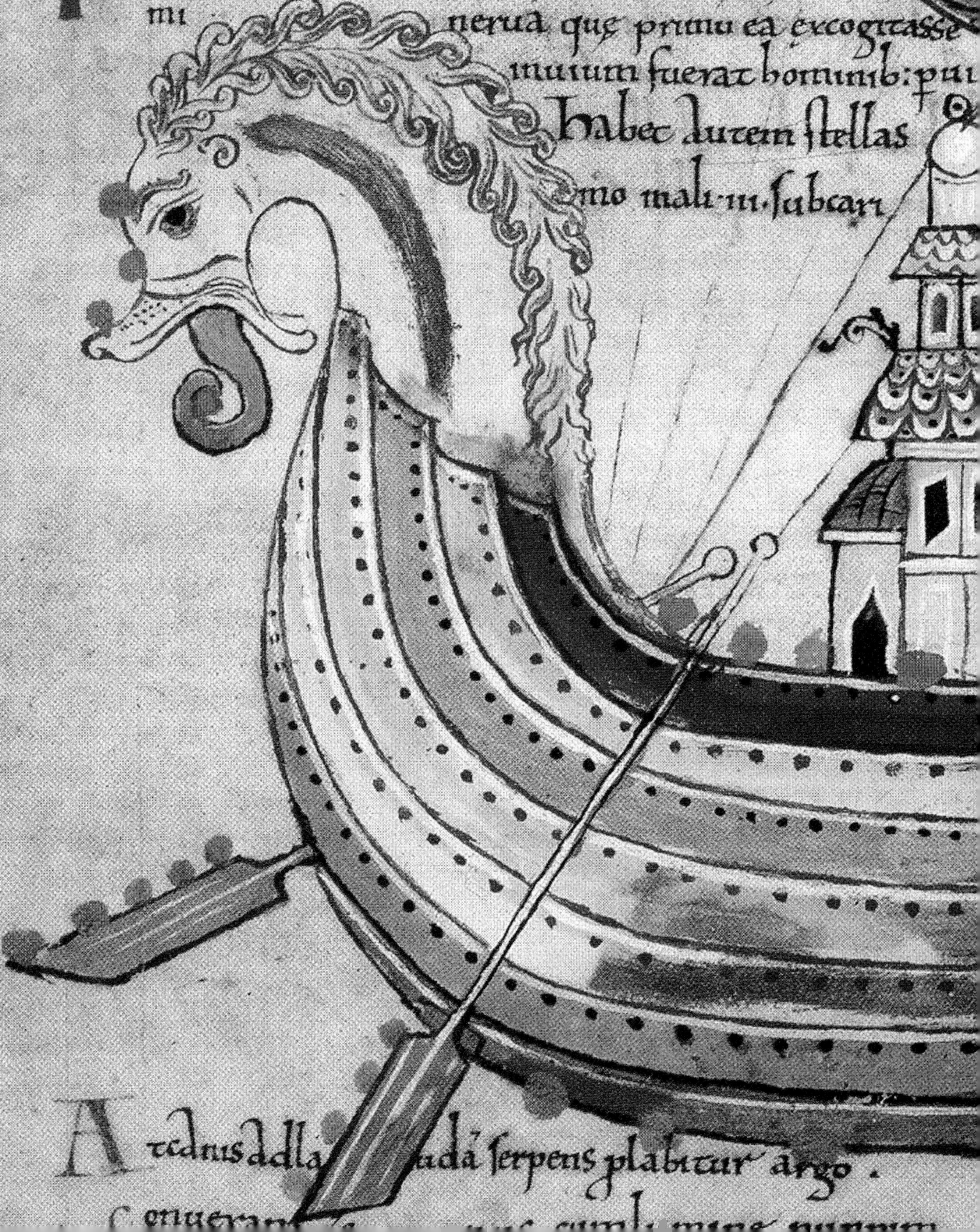

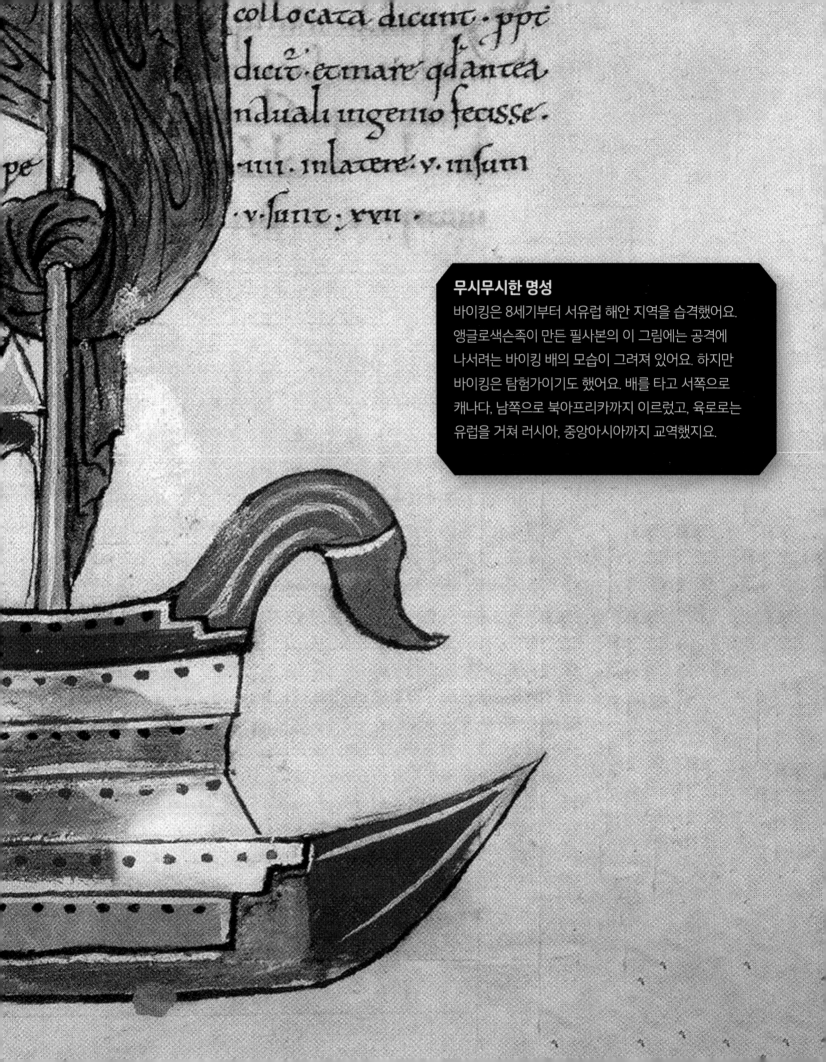

collocata dicunt · ppt
dicit · etinare qdantea
nduali ingenio fecisse.
iiii · inlacere · v · infum
· v · funt · xvii ·

무시무시한 명성

바이킹은 8세기부터 서유럽 해안 지역을 습격했어요.
앵글로색슨족이 만든 필사본의 이 그림에는 공격에
나서려는 바이킹 배의 모습이 그려져 있어요. 하지만
바이킹은 탐험가이기도 했어요. 배를 타고 서쪽으로
캐나다, 남쪽으로 북아프리카까지 이르렀고, 육로로는
유럽을 거쳐 러시아, 중앙아시아까지 교역했지요.

인도의 계단식 우물

찬드 바오리의 계단식 우물에서 대칭으로 만든 계단을 따라 내려가다 보면 까마득한 저 아래에 시원한 물이 고여 있어요. 이것은 9세기에 라지푸트족이 세운 작은 왕국의 왕인 찬다가 지은 우물이에요. 천 년이 넘는 세월 동안 인도 곳곳에 이러한 계단식 우물이 많이 지어졌어요. 때로는 왕비가 마을 여자들을 위해 짓기도 했지요. 이 우물은 물을 긷는 곳일 뿐만 아니라 토목 공학의 아름다운 업적이기도 해요.

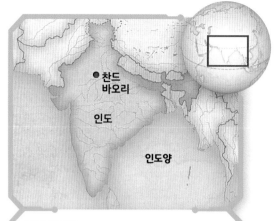

인도 북서부
이 계단식 우물은 라자스탄 지역의 아바네리 마을에 지어진 거예요. 이 마을은 큰 도시인 자이푸르와 아그라 사이에 있고, 인도의 수도인 뉴델리 남쪽에 있어요.

오랫동안 쓰이던 우물
가장 화려한 계단식 우물들은 인도 북서부의 건조한 지역에 지어졌어요. 사진에서 볼 수 있듯이 구자라트의 아달라즈에 있는 아름답게 조각된 이 우물은 19세기 후반에도 실제로 쓰였지요. 여자들은 우물에서 토기나 놋그릇에 물을 길어, 그것을 머리에 이고 균형을 잡으면서 계단을 올랐어요.

찬드 바오리에 있는 이 조각은 힌두교 전사의 여신이자 우주의 어머니인 두르가의 모습을 새긴 거예요.

물의 신
계단식 우물에는 신, 여신, 물의 정령을 정교하게 조각해 장식하기도 했어요. 계단식 우물은 물을 긷는 곳일 뿐만 아니라 사람들이 기도하고 명상하며 힌두교 신에게 제물을 바치는 곳이기도 했지요. 오늘날에도 많은 계단식 우물에서 신에게 경배를 드린답니다.

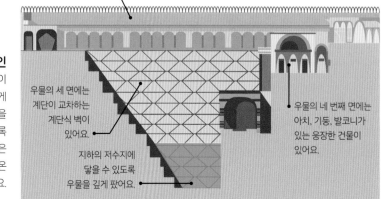

지금은 우물 맨 위에 아치가 있는 지붕 씌운 통로가 있어요.

계단식 우물의 디자인
인도의 계단식 우물은 사람들이 땅속 깊이 숨어 있는 물에 접근할 수 있게 설계되었어요. 부유한 여자들은 마을 여자들이 물을 길을 수 있도록 이런 우물을 짓곤 했지요. 가파른 벽은 깊은 물에 그늘을 드리워 물을 길러 온 여자들을 시원하게 해 주었어요.

우물의 세 면에는 계단이 교차하는 계단식 벽이 있어요.

지하의 저수지에 닿을 수 있도록 우물을 깊게 팠어요.

우물의 네 번째 면에는 아치, 기둥, 발코니가 있는 웅장한 건물이 있어요.

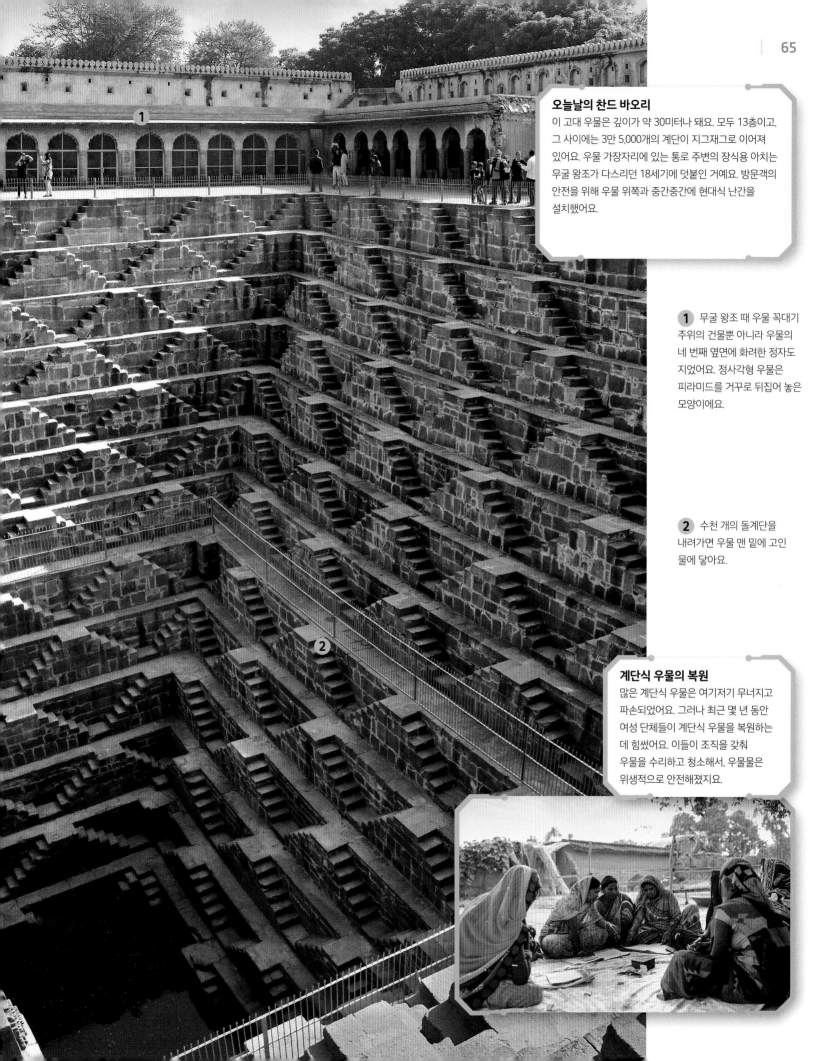

오늘날의 찬드 바오리

이 고대 우물은 깊이가 약 30미터나 돼요. 모두 13층이고, 그 사이에는 3만 5,000개의 계단이 지그재그로 이어져 있어요. 우물 가장자리에 있는 통로 주변의 장식용 아치는 무굴 왕조가 다스리던 18세기에 덧붙인 거예요. 방문객의 안전을 위해 우물 위쪽과 중간중간에 현대식 난간을 설치했어요.

1 무굴 왕조 때 우물 꼭대기 주위의 건물뿐 아니라 우물의 네 번째 옆면에 화려한 정자도 지었어요. 정사각형 우물은 피라미드를 거꾸로 뒤집어 놓은 모양이에요.

2 수천 개의 돌계단을 내려가면 우물 맨 밑에 고인 물에 닿아요.

계단식 우물의 복원

많은 계단식 우물은 여기저기 무너지고 파손되었어요. 그러나 최근 몇 년 동안 여성 단체들이 계단식 우물을 복원하는 데 힘썼어요. 이들이 조직을 갖춰 우물을 수리하고 청소해서, 우물물은 위생적으로 안전해졌지요.

물 긷기

오늘 찬드 바오리의 날씨는 너무 더워 지글지글 끓을 정도예요.
근처 마을의 여자들은 이 우물까지 시원하고 깨끗한 물을
길으러 와요. 물통을 이고 가파른 계단을 오르려면 무척 힘들지만,
공기가 시원하고 친구들과 소식을 주고받을 수 있어 기운이 나요.

물을 긷는 사람은
남자가 아니라
늘 여자예요.

바람의 궁전

인도에서는 무엇보다도 더위를
피하는 것이 중요했어요. 마을
여자들은 계단식 우물의 그늘을
좋아했지만, 부유한 여자들은
궁전 격자무늬 창문 뒤에서 시원한
공기를 즐겼어요. 1799년에 지은
자이푸르의 하와 마할 궁전 같은 곳
말이에요.

좁은 계단을 따라
내려가면 신선하고
맑은 우물물이
나오지요.

노래하고 춤추며

물 긷는 일은 여자들의 삶에서 매우 중요한
부분이었어요. 물과 우물을 서정적으로
묘사하는 파니하리라는 노래는 바로 여기서
영감을 얻었지요. 이 노래는 지금도
인기가 있어요. 여자들은 항아리를
머리에 이고 춤을 추면서 이 노래를 부르지요.

해마다, 또 계절마다
지하수 양이 달라지면서
우물의 물 높이도
오르락내리락해요.

우물가의 음악

장날이나 축제 날에는 많은 사람들이
계단식 우물에서 만났어요. 유랑 악단의
피리, 북, 현악기 연주에 모두
흥겨워했지요.

1 신성한 소
힌두교에서는 소를 신성하게 여겨요.
이 소는 우물가의 싱싱한 나무 그늘에서
편히 쉬고 있어요.

2 노래와 춤
힘든 삶을 위로하기 위해 여자들은
음악에 맞춰 춤추며 비와 사랑을
노래해요.

3 음악가
악단이 연습하는 흥겨운 음악 소리가
우물 위로 흐르자 사람들의 발걸음은
더욱 가벼워져요.

4 우물가
여자들이 우물 아래에 곧 다다를 거예요.
이들은 머리에 빈 물 항아리를 이고
균형을 잡으며 걷지요.

5 장신구
여자들이 발걸음을 옮길 때마다 팔에 찬
화려한 팔찌들이 짤랑거려요.

6 만남의 장소
우물의 시원한 공기를 즐기며, 여자 둘이
서로 소식도 주고받고 재잘거려요.

7 계단
계단을 오르는 것은 힘들어요. 특히 물을
가득 담은 항아리를 이고 올라가려면요!

8 화려한 사리
여자들은 곱게 염색하고 밝고 아름다운
무늬를 찍은 얇고 긴 면 옷인 사리를
입어요.

9 물놀이!
아이들이 시원한 물의 유혹을 이겨 낼 수
없어 풍덩 뛰어들어 헤엄쳐요.

10 깨끗한 의식
사람들은 근처 사원에 가기 전에 반드시
몸을 깨끗이 씻어요.

11 물 긷기
우물에 항아리를 담그면 시원한 물이
흘러 들어와 가득 담기지요.

스와힐리의 궁전

1300년 무렵 킬와의 술탄은 자신의 권력을 널리 알리기 위해 궁전을 지었어요.
그는 아프리카 동부 스와힐리 해안의 중요한 무역 중심지를 다스리고 있었지요.
인도양에는 이곳을 포함한 여러 무역 중심지들이 거대한 망으로 연결되어
있었어요. 무역선들은 해마다 계절풍이 불어오면 돛을 올려 항해에 나섰어요.
무역을 하다가 다시 바람의 방향이 바뀌면 길을 떠났지요. 이 배들은 외국의
문화와 산물을 실어 왔고, 이것은 풍요로운 현지 문화와 잘 어우러졌어요.

스와힐리 해안
스와힐리 지역은 동아프리카 해안을 따라
북쪽으로는 지금의 소말리아에서 남쪽으로는
지금의 모잠비크 소팔라주까지 뻗어 있었어요.

후수니 쿠브와
궁전은 킬와
키시와니섬의 북쪽
해안에 지어졌어요.

아프리카 동부 해안에 세워진
최초의 모스크 중 하나인
킬와 대모스크 유적

킬와 키시와니섬
해안선을 따라 솟아난 섬들은 먼바다에서 쉬어 갈
수 있는 쉼터 역할을 했고, 중요한 무역 중심지가
되었어요. 킬와 키시와니에는 술탄의 궁전에서
멀지 않은 곳에 번화한 마을과 대모스크가
있었어요.

이 동전에
새겨진 글은
아랍어예요.

이 글은 운율이 있어요.
운율을 넣은 두 행으로,
한쪽 면에서 시작해서
반대쪽 면에서 끝나지요.

후수니 쿠브와에서
발굴한 유리, 점토,
광물로 만든 구슬들

예쁘고 쓸모 있는 구슬
구슬은 무역에도 쓰였지만, 스와힐리 여성들의 긴 목걸이를 엮는
데도 쓰였어요. 킬와에서는 많은 수입한 구슬과 아라고나이트로
만든 그 지역의 구슬도 발견되었어요. 아라고나이트는 거대한
조개껍데기에서 생기는 광물로, 진주와 비슷해요.

킬와 동전
동전은 무역에서
쓰임새가 많아, 자연스럽게
킬와에서는 많은 동전을 주조했어요.
동전은 구리로 만들어졌고, 당시 다스리던
술탄에 대한 시가 새겨져 있었어요.

고고학자들이 숨겨진
유물을 찾으려고 큰 체로
모래를 거르고 있어요.

작은 실마리들을 찾아내요
킬와 사람들은 어떻게 살았을까요?
땅속에 수많은 실마리가 숨어 있어요.
고고학자들은 도자기, 구슬, 동전 조각을
찾기 위해 모래와 흙을 체로 거른답니다.

영광스러운 유적

'대궁전'으로 알려진 화려한 후수니 쿠브와는 오래가지
않았어요. 술탄이 왜 이곳을 버렸는지는 알려지지
않았지요. 지금은 폐허가 되었지만, 고고학자들은 이곳을
조사하여 스와힐리의 무역과 생활 방식에 대해 많은 것을
알아냈어요. 발굴된 유물에 따르면, 이곳은 아프리카,
아시아, 아라비아의 문화가 함께 어우러진 곳이었답니다.

1 이 유적지 주변에는
지금은 맹그로브 숲이
울창해요. 예전에는 이 숲을
잘 관리해서 넓은 수로를
궁전까지 이어지게 했을
거예요.

2 앞바다의 산호초에서
채취한 산호석은 지붕과 벽
프리즈에 쓰였어요. 지붕이
무너진 땅에는 산호석이
흩어져 있어요.

전망 좋은 욕장

이 웅장한 야외 욕장은 술탄의 개인
목욕탕이었어요. 그는 여기서 바다를
내려다보는 멋진 전망을 누렸어요.
몸을 씻는 동안 이곳에 도착한 배를
볼 수 있었답니다.

3 술탄과 그의 가족은
몇 개의 안뜰 주위에 모여
있는 개인 방들에서
살았어요. 궁전 안쪽에 있는
이곳에는 방문객이 들어올 수
없었지요.

4 넓게 탁 트인 이 마당은
상품을 들여와 거래하는
장소였어요. 다양한 언어가
넘나드는 재미난 대화와
물물 교환 하는 소리가 높은
담장 주위를 맴돌았어요.

1 술탄
칸주라고 하는 기다란 흰색
가운을 입은 술탄이 곧 목욕을
하려고 해요.

2 머리 손질
술탄의 가족인 여자들이 욕장
옆에 앉아 서로 머리를 땋아
주고 있어요.

3 상인
외국에서 온 상인들과
관리들이 술탄을 만나려고
기다려요.

4 이븐 바투타
모로코에서 온 유명한
여행자인 이븐 바투타는
이곳에서 깊은 인상을 받고,
여행 일지에 기록했어요.

5 시간 보내기
이 상인들은 기다리는 동안
심심함을 덜어 보려고
바오라는 보드게임을 해요.

6 배들이 오가는 바다
다양한 크기의 전통 배
다우가 청록색 바다를
누벼요. 이곳에 정박하기도
하고, 지나가기도 하지요.

무역과 여가

1331년, 술탄의 궁전은 여러 가지로 바쁘게 움직이고 있어요. 상인들이 배를 타고 드나들며 먼 나라에서 물건을 가져와요. 그들은 다른 방문객들과 함께 모여, 술탄을 만나려고 안마당에서 기다리지요. 하지만 술탄은 느긋해요. 왕실 가족이 사는 안채에서 쉬면서, 팔각형 모양의 개인 욕장에서 시원한 물로 목욕할 준비를 하고 있어요.

여자들이 사는 곳
술탄의 가족 중 여자와 아이들은 외부 사람들이 들어올 수 없는 안채에서 지냈어요. 이들의 방은 매우 아름다웠어요. 정교한 무늬와 벽감으로 벽을 장식했지요.

벽감에는 귀중한 물건들이 가득했어요.

중국 원나라 시대의 꽃병이 후수니 쿠브와 유적에서 발견되었어요.

수입 도자기
후수니 쿠브와에서는 많은 도자기가 발견되었어요. 아라비아, 페르시아, 인도, 중국에서 고급 도자기가 수입되었지요. 도자기를 잘게 부순 조각으로 복잡한 문양을 만들어 궁전 벽을 장식하기도 했어요.

큰 삼각돛

다우로 오가요
다우라는 짐배가 인도양 이곳저곳을 오갔어요. 돛대는 1~2개이고, 돛은 기울어진 삼각형 모양이었지요. 큰 다우는 먼바다를 항해했고, 작은 다우는 스와힐리 해안을 따라 짧은 거리를 오갔어요.

씨앗을 다듬어서 만든 말

바오 판
이 놀이는 스와힐리어로 바오라고 해요. 중세 시대에 이곳에서 인기였고, 지금도 사람들의 사랑을 받고 있어요. 두 명이 차례로 게임판의 움푹 파인 곳으로 말을 옮기면서 상대방의 말을 잡는 놀이이지요.

7 새로 들어온 물건
계단 아래 정박한 다우에서 짐꾼과 뱃사람 들이 귀중한 물건을 실어 나르고 있어요.

8 코끼리 엄니
그레이트 짐바브웨 왕국에서 가져온 거대한 코끼리 엄니를 마당에 늘어놓았어요.

중세의 성

보나길성의 성벽은 프랑스 시골 마을 위에 매끄러운
절벽같이 우뚝 솟아 있어요. 이 요새의 돌 하나하나는
성안 사람들을 안전하게 지키고 적을 막기 위한 목적으로
놓은 거예요. 전쟁이 잦았던 중세 시대에는 유럽 전역에
방어용 성벽을 두른 성을 많이 지었어요. 대부분의 성은
집이자 일터이고, 군사 시설이기도 했지요.

대서양　프랑스

● 보나길성

전투가 잦은 지역

보나길성은 중세 시대에 전투가 잦았던 프랑스
남서부에 있어요. 바위가 많은 언덕 위에 자리 잡고
있어 주변의 땅을 한눈에 내려다볼 수 있지요.

공성전

성은 두터운 성벽과 탄탄한 방어 체계를
갖추었어요. 성벽을 뚫지 못한 적은 성을
포위한 채, 성안의 먹을거리와 물과 화살이
다 떨어질 때까지 기다려야 했어요.

자신이 복원한
파리의 노트르담 대성당
모형을 들고 있는
비올레르뒤크의 캐리커처

복원 열풍

프랑스 혁명 때 많은 귀족들이 살해되거나 다른
나라로 달아나면서, 많은 성이 폐허가 되었어요.
하지만 19세기 후반, 건축가 외젠
비올레르뒤크 같은 사람들이 중세 건축물에
관심을 갖기 시작했어요. 그는 보나길성의
복원도를 그렸지만, 그가 방문했던 다른
성들같이 멋지게 복원되지는 않았답니다.

성을 방어하는 사람들은
작은 창을 통해 화살을
쏠 수 있었어요.

도개교

성에는 들어 올릴 수 있는 다리인
도개교가 있어 적의 진입을 막을 수
있었어요. 도개교는 깊은 도랑이나
물이 가득 찬 해자 위에 지었어요. 일단
도개교를 들어 올리면. 성문에
접근할 수 없었지요.

비밀 통로

보나길성을 받치고 있는 바위
속에 비밀 통로를 파 놓았어요.
이곳을 통해 적의 눈에 띄지 않고
성벽 안의 여러 방어 초소로 갈 수
있었지요.

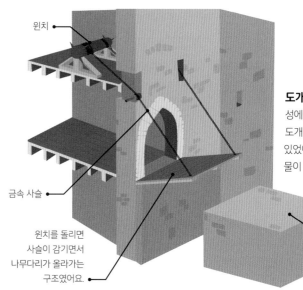

윈치

금속 사슬

윈치를 돌리면
사슬이 감기면서
나무다리가 올라가는
구조였어요.

돌다리

성의 변화

보나길성에서 가장 오래된 부분은 13세기에 세워진 기초예요. 15세기에는 성을 증축했어요. 요새화 된 관문, 도개교 및 6개의 망루를 지어 성의 방어 능력을 키웠지요. 그러나 공사를 마치자 프랑스는 전보다 평화로운 시기로 접어들었고, 보나길성은 더 이상 위협받지 않았답니다.

1 이곳은 일상적인 일을 하던 구역이에요. 세탁장에서는 빨래를 하고, 제빵소에서는 빵을 구웠지요.

깊은 우물

안마당에는 바위를 뚫고 48미터 깊이로 판 우물이 있었어요. 성에서 필요한 모든 물을 이곳에서 넉넉하게 퍼 올릴 수 있어서, 주민들은 몇 달 동안 이어지는 포위 공격 때도 물이 모자란 적이 없었답니다.

2 허브 정원에는 약으로 쓰거나 요리의 맛을 더하는 식물들이 가득 자랐어요.

즐거운 잔칫날

보나길성의 영주와 부인은 이제야 마음이 놓여요. 성의 방어벽을 최신 기술로 보강하는 공사가 드디어 마무리되었거든요. 영주와 부인은 완공을 축하하기 위해 1470년 9월의 이 아름다운 날을 골라 지역 귀족들을 초대해 마상 창 시합과 잔치를 열었어요. 지역 특산품을 파는 장도 열려서 북적북적하답니다.

1 마을
성벽 밖에는 성을 위해 일하는 장인들과 농부들이 모여 살아요.

2 장이 열렸어요
가죽 제품, 자질구레한 장신구, 맛있는 사과, 햄, 지역 특산 포도주가 금방 팔려 나가요.

3 영광은 나의 것
다른 성에서 온 기사들이 종자들의 도움을 받아 마상 창 시합을 위해 무장하고 있어요.

4 특별 관중석
성의 주인과 방문객들은 이곳에서 뜨거운 햇살을 피하며 시합을 구경할 수 있어요.

5 마상 창 시합
두 기사가 마주칠 때마다 무기가 부딪치는 소리와 묵직한 말발굽 소리에 귀가 먹먹해져요.

6 감시 망루
도개교 앞에 있는 요새화 된 관문은 늦게 도착한 사람들 때문에 붐벼요.

7 다리 감시
경비병들은 느긋하게 최상품
말에 대한 이야기를 나누면서,
한편으로는 도개교를
감시하고 있어요.

8 성의 중심부
아성은 성에서 가장 안전한
곳이에요. 전쟁이 일어나면
피난처가 되어 주지요.

9 비밀 이야기
이 귀족들은 조용한 곳에 와서
왕을 내쫓을 음모에 가담해야
할지 의논하고 있어요.

10 조심!
하인이 말라붙은 해자를 향해
창문 너머로 통을 비우고
있어요.

11 싸움 연습
두 소년이 검술 연습을 하고
있어요. 이들은 하루빨리
기사 훈련을 받고 싶어요.

12 은밀한 사랑
한 청년이 성안에 사는 여인에게
사랑을 구하고 있어요. 류트를
연주하며 그녀의 아름다움을
노래하지요.

박진감 넘치는 시합

성의 영주는 손님들을 즐겁게 하려고 유명한 기사들을 초대해 마상 창 시합을 열었어요. 기사들과 말들은 매우 멋지게 차려입었어요. 기사들이 전속력으로 마주 달리자, 관중들이 환호해요. 그런데 안타깝게도 이 성의 대표로 나온 기사의 실력이 기대에 못 미치네요. 곧 굴러떨어질 것 같아요.

투구 위쪽의 '볏'같이 생긴 솟아 있는 부분은 방어력을 보강하고, 창이 머리를 바로 찌르지 못하게 막는 장치였어요.

기사는 다가오는 적을 이 구멍으로 볼 수 있었어요.

얼굴을 덮는 얼굴 가리개에는 숨 구멍이 있어요. 방해가 될 때는 들어 올리기도 했지요.

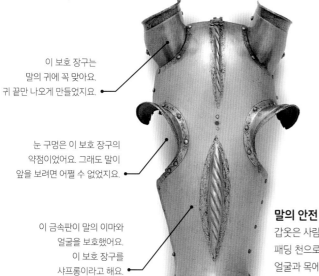

보호 장비
마상 창 시합에 나가는 기사는 겉에는 금속 판갑옷을, 속에는 사슬 갑옷을 입었어요. 마상 창 시합용 갑옷은 실제 전투용 갑옷보다 더 정교했고, 복잡한 장식을 달기도 했어요.

이 보호 장구는 말의 귀에 꼭 맞아요. 귀 끝만 나오게 만들었지요.

눈 구멍은 이 보호 장구의 약점이었어요. 그래도 말이 앞을 보려면 어쩔 수 없었지요.

이 금속판이 말의 이마와 얼굴을 보호했어요. 이 보호 장구를 샤프롱이라고 해요.

말의 안전
갑옷은 사람만 입는 게 아니었어요. 패딩 천으로 말의 몸을 보호하고 얼굴과 목에는 금속판을 씌우기도 했지요. 상대방의 말에 일부러 상처를 입히면 정정당당하지 않다고 여겼어요.

이 여성은 귀족 아가씨를 옆에서 지키는 보호자예요. 시합 구경에 바빠서, 옆에서 피어나는 사랑을 전혀 눈치채지 못하네요.

귀족 아가씨는 애정의 표시로 기사에게 소맷자락을 내밀고 있어요.

이 기사는 그 소매를 갑옷에 달고, 그녀를 위해 마상 창 시합을 펼칠 거예요.

말들은 카파라송이라고 하는 패딩을 입어요.

기사란 영주나 왕을 위해 전쟁에서 싸우기로 맹세한 사람들이었어요. 전쟁에 나가지 않을 때에는 마상 창 시합에 참가할 수 있었지요.

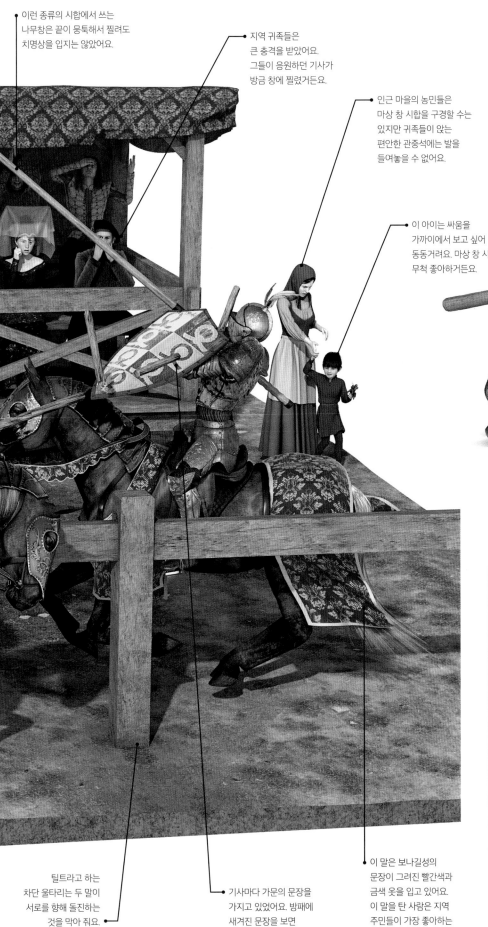

이런 종류의 시합에서 쓰는 나무창은 끝이 뭉툭해서 찔려도 치명상을 입지는 않았어요.

지역 귀족들은 큰 충격을 받았어요. 그들이 응원하던 기사가 방금 창에 찔렸거든요.

인근 마을의 농민들은 마상 창 시합을 구경할 수는 있지만 귀족들이 앉는 편안한 관중석에는 발을 들여놓을 수 없어요.

이 아이는 싸움을 가까이에서 보고 싶어 동동거려요. 마상 창 시합을 무척 좋아하거든요.

틸트라고 하는 차단 울타리는 두 말이 서로를 향해 돌진하는 것을 막아 줘요.

기사마다 가문의 문장을 가지고 있었어요. 방패에 새겨진 문장을 보면 누가 어떤 가문인지 알 수 있었지요.

이 말은 보나길성의 문장이 그려진 빨간색과 금색 옷을 입고 있어요. 이 말을 탄 사람은 지역 주민들이 가장 좋아하는 기사예요.

전쟁놀이

중세의 아이들은 놀면서 크는 게 당연했어요. 인형, 공, 죽마, 그네, 팽이, 체스, 주사위, 마상 창 시합을 하는 기사 모습의 작은 인형 등 수많은 장난감과 놀이를 즐겼지요.

궁정의 사랑

귀족 남녀는 '궁정의 사랑'에 관한 시를 즐겼어요. 시에는 아름다운 발라드를 읊거나 용감한 행동을 하여 좋아하는 여자의 마음을 얻는 기사 이야기 등, 사랑을 얻는 낭만적인 내용이 담겨 있었어요. 그러나 실제로 귀족들은 가족이 맺어 주는 결혼을 했답니다.

큰 잔치

마상 창 시합이 끝나고 성의 영주와 부인은 손님들과 함께 호화로운 만찬을 즐기기 위해 자리에 앉아요. 사람들이 꽉 찬 만찬장은 시끌벅적해요. 사람들은 음악 소리보다 더 크게 외치고, 개들은 부스러기를 기다리며, 포도주가 넘쳐흐르지요. 영주와 부인은 멋진 밤이 되도록 계획을 세웠어요. 이 성에서 가장 우아한 식기에 최고급 음식을 담았지요.

1 돌로 지은 성은 늘 살짝 추웠지만, 활활 타오르는 불에 손님들은 아늑한 느낌을 받았어요.

2 고딕 양식의 성당 첨탑처럼 생긴 크고 뾰족한 모자는 당시의 최신 유행이었어요.

소금 통
멋진 식탁에는 늘 소금 통이 놓여 있었어요. 소금은 매우 귀중했고 소금을 담는 그릇은 식탁에서 가장 멋진 물건이었지요. 황금 돛대가 세 개 달린 이 배와 같이 화려한 소금 통도 있었어요.

3 식사 때 옆자리에 앉은 사람과는 접시나 트렌처(음식을 담는 그릇으로 쓰이는 두꺼운 빵 조각)를 함께 썼어요. 그래서 식사 도중에 트렌처를 먹는 것은 예의 없는 행동이었지요.

중세의 음악
영주는 손님들이 즐길 수 있도록 음악가들을 고용했어요. 중세 시대부터 오늘날 우리에게 익숙한 방식으로 악보를 기록하기 시작했고, 음악가들은 새로운 악기를 실험했어요. 가장 인기 있던 현악기는 류트로, 오늘날의 기타와 비슷했어요.

4 음악가들은 식사 분위기를 즐겁게 만들고, 나중에는 춤도 출 거예요.

5 가장 중요한 손님은 단이 높은 식탁 앞에 영주와 부인과 함께 앉아요.

화려한 음식
잔칫날에는 어떤 음식을 대접하는지가 중요했어요. 사과를 곁들인 돼지머리는 훌륭한 음식으로 여겨졌지요. 백조와 공작새 같은 이국적인 새는 먼저 몸통을 요리하고 나서 그 새의 깃털로 장식했어요. 파이와 수프는 값비싼 노란색 사프란 같은 향신료로 장식하고 색을 냈어요.

6 덜 중요한 손님은 옆으로 놓인 낮은 식탁 앞에 앉아요. 이들은 갈색 빵을 먹고 백랍 컵으로 음료를 마시지만, 안쪽 높은 식탁에는 흰 빵과 귀금속이나 유리로 만든 컵이 놓여 있지요.

태피스트리
벽에는 색색의 실로 두껍게 짠 태피스트리가 걸려 있었어요. 이것은 방을 조금 더 따뜻하게 하고 외풍을 막는 역할을 했지요. 밝은 색상과 복잡한 무늬가 어우러져서 보기에도 아름다웠고 이야기를 바탕으로 무늬를 짠 것도 있었어요. 파리의 한 박물관에 걸려 있는 이 유명한 태피스트리에는 귀족 여인과 유니콘의 이야기가 담겨 있어요.

7 어릿광대가 식탁 사이를 돌아다니며 손님들을 웃기려고 애써요.

성에서의 요리
15세기 필사본에 실린 이 그림은 거대한 장작
화덕에서 열심히 빵과 파이를 굽는 제빵사의 바쁜
모습을 보여 주고 있어요. 대부분의 성에는 커다란
부엌 한쪽에 제빵소가 있었고, 요리사들은 부엌에서
성안에 사는 많은 사람들을 위해 음식을 만들었지요.

푸에블로족의 절벽 마을

수천 년 전, 푸에블로족으로 알려진 아메리카 원주민의 조상이 미국 남서부의 메사버드(메사베르데)에 터를 잡게 되었어요. 혹독한 기후를 피하기 위해 깎아지른 절벽 안쪽 움푹 파인 곳에 마을을 짓기 시작했지요. 지금은 여기저기 무너져 내렸지만, 이 마을은 아직도 푸에블로족이 그 시절에 어떻게 살았는지 보여 주고 있어요.

옥수수는 색깔이 다양해요. 말려서 빻아 가루로 만들었지요.

메사버드

메사버드의 멋진 풍경은 미국 남서부 콜로라도주의 콜로라도고원에 펼쳐져 있어요. 이곳은 콜로라도, 애리조나, 유타, 뉴멕시코, 이렇게 4개의 주가 만나는 포 코너스 근처에 있어요.

좋아하는 먹을거리

푸에블로족은 기원후 750년 무렵부터 이 지역에 터를 잡고 농사를 짓기 시작했어요. 마을 근처의 밭에서 옥수수, 호박, 콩을 키웠지요. 사슴과 토끼 고기는 물론 나중에는 칠면조 고기도 야생 딸기와 함께 즐겨 먹었답니다.

130개의 방

스프루스 트리 하우스는 이 지역에서 가장 큰 마을 중 하나예요. 방은 130개나 있고, 대부분은 2층이며, 절벽 천장 바로 아래는 창고 층이에요. 또한 8개의 키바(모임을 위해 지어진 지하방)도 있어요.

독수리 깃털로 어린 춤꾼의 머리를 묶었어요.

독수리 깃털로 장식한 신성한 물건

푸에블로 문화

푸에블로족은 13세기에 메사버드 지역을 떠났지만 푸에블로족과 그 문화는 콜로라도주, 애리조나주, 뉴멕시코주에 남아 있어요. 전통 의상을 입은 이 어린 소녀는 장신구를 달고 의식 때 추는 카치나 춤을 추고 있어요.

스프루스 트리 하우스의 구성

자연 그대로의 바위가 마을의 뒷벽 역할을 해요.

가장 바깥쪽에 있는 건물에서는 아래쪽 협곡이 내려다보여요.

지하에 키바가 있는 원형 광장

도굴된 무덤에서 나온 유골이 항아리 등의 다른 유물들과 함께 전시되어 있어요.

도난당한 유적

19세기가 되자, 이 지역의 카우보이부터 외국인 탐험가에 이르기까지 수많은 사람들이 절벽 마을에 대해 알게 되었어요. 외부인들은 푸에블로족의 주거지를 함부로 다루며 무덤을 약탈하고 유골과 유물을 미국과 해외 박물관에 돈을 받고 팔아넘겼어요.

바위 속의 집

스프루스 트리 하우스는 메사버드 지역에서 절벽을 파서 만든 수백 개의 마을 중 하나예요. '메사'는 이 야생 지역에 흔한 사암 절벽을 뜻하는 말이지요. 절벽 곳곳에는 움푹 들어간 구멍들이 있는데, 푸에블로족은 그곳을 보금자리로 만들었어요. 하지만 13세기 후반, 가뭄이 심하게 들어 살기가 어려워진 탓인지, 그들은 이곳을 떠나기로 결정했답니다.

1 메사 지붕으로 알려진 절벽 위의 평평한 고원은 한때 푸에블로족 농부들이 식량을 재배하던 곳이에요.

2 깎아지른 듯한 절벽은 사암으로 이루어져 있어요. 사암 벽은 빛에 따라 연노란색에서 분홍색이 감도는 주황색 등으로 물들어요.

3 푸에블로족은 절벽에 자연적으로 만들어진 구멍을 이용해서 마을을 지었어요. 평소 생활 방식처럼, 마을도 환경에 잘 어우러지게 만들었지요.

4 스프루스 트리 하우스가 있는 절벽과 맞은편에 있는 더 높은 절벽 사이에는 깊은 골짜기가 있어요.

마을 주변에는 가문비나무 (스프루스)와 향나무가 자라고 있어요. 예나 지금이나 향나무는 푸에블로족의 의식에 쓰여요.

수백만 년 전에 생겨난 지형의 깊은 골짜기에 사암 절벽이 우뚝 솟아 있어요.

누구의 땅일까?

메사버드는 1906년에 국립 공원으로 지정되었어요. 이 지역의 문화유산과 자연을 보존하기 위해서였지만, 이 과정에서 이 땅과 가장 관련이 깊고 이곳의 역사를 잘 알고 있는 푸에블로족에게는 한마디 말도 없었지요. 오늘날 푸에블로족은 메사버드처럼 부족이 신성하게 여기는 장소를 관리할 권리를 찾기 위해 노력하고 있어요.

겨울 준비

1270년 10월의 어느 날, 공기가 차가워졌어요. 마을 노인들은 겨울이
일찍 닥치고, 길고도 몹시 추울 거라는 징조를 읽었지요. 그러자 모두가
바빠졌어요. 메사 지붕 위에 일군 밭에 아직 달려 있는 옥수수와
호박을 거두고, 동물 가죽으로 따뜻한 옷을 짓지요. 집 안에는 곧
불을 피우고, 함께 둘러앉아 허브차를 마실 거예요.

위에 있는 광장에서
사다리를 타고
키바로 내려와요.

지하의 키바
원형 광장마다 그 아래에는 키바라는
둥근 지하방이 있었어요. 이곳에서
의식을 치르고 모임도 했지요. 화덕도
있고, 벽에는 긴 의자가 있어서 많은
사람들이 모일 수 있었어요.

푸에블로 도자기
푸에블로족은 몇백 년 동안 아름다운
항아리와 그릇, 국자를 만들었어요.
이 시기에 전통적인 흑백 머그잔도
빚기 시작했지요. 모든 머그잔은 그들만의
독특한 기하학적 문양으로 장식했어요.

허브차를
담아 마시는
점토 머그잔

팔을 들고
춤을 추는 듯한
모습의 사람

바위그림
푸에블로족은 마을 주변의 부드러운 사암에
신성한 그림들을 새겼어요. 부족의 기원에 대한
이야기를 담은 이 그림에는 동물, 사람 모양,
신성한 상징이 표현되어 있어요.

메타테 위에
옥수수를 놓고
마노라는 돌로
굴려 으깨요.

맷돌
옥수수와 작은 열매는 메타테라는
평평한 돌 위에 놓고 갈아서 가루로
만들거나 찧었어요. 마을에서는
메타테를 나란히 늘어놓고, 여자들이
함께 모여 모두의 먹을거리를 만들곤
했어요.

1 옥수수 가루
이 여인은 땅바닥에 무릎을
꿇고, 말린 옥수수 알갱이를
갈아서 가루를 내고 있어요.

2 풍성한 수확물
이 아이는 엄마가 옥수수를
준비하는 모습을 지켜보고 있어요.
곧 따라 할 수 있게 될 거예요.

3 키바로 내려가요
마을의 노인이 키바에서
회의를 열기 위해 사다리를
내려가고 있어요.

4 군침 도는 칠면조
칠면조들이 마구 돌아다녀요.
옥수수 알갱이를 먹여 키우면
고기 맛이 좋아지지요.

5 예술과 공예
숙련된 도공이 갓 빚은 그릇에
검은색 물감으로 섬세한
무늬를 그리고 있어요.

6 물을 길어요
소녀들이 근처 샘에서
시원하고 신선한 물을 길어
돌아오고 있어요.

7 착착 올라가요
농부가 손과 발로 바위를
착착 잡으며 마을 위의 밭으로
올라가고 있어요.

8 뛰어난 사냥꾼
소년이 토끼를 잡아서
으쓱거리며 돌아와요. 토끼는
겨울 동안 고기와 옷이 되어
줄 거예요.

크메르의 수도 앙코르

지금은 울창한 숲에 일부가 가려 있지만, 고대 도시 앙코르는 한때 크메르 제국의 웅장한 수도였어요. 사원 단지, 궁전, 마을, 수로 등이 엄청난 규모로 서로 이어져 있었지요. 세월이 흐르며 목조 건물은 모두 사라지고 거대한 석조 사원들만 남았어요.

1 해자를 가로지르는 다리는 높은 통로가 되었어요. 이 통로를 지나면 사원 단지에 있는 사원으로 갈 수 있어요.

비옥한 지역
앙코르는 아시아의 캄보디아 북부에 있어요. 이곳은 숲과 농지로 둘러싸여 있어요. 이 지역에는 여러 강이 흘러 많은 벼 농장에 물을 공급해 준답니다.

금으로 만든 이런 머리꽂이 같은 장신구에는 귀한 보석이 박혀 있었어요.

진주알을 끼운 금반지

황금의 제국
크메르 제국은 매우 부유했어요. 왕은 금관을 쓰고 손목과 발목에는 금팔찌와 금발찌를 하고, 손가락과 발가락에 금반지를 끼고 다녔어요. 크메르 제국은 힘도 강력했어요. 12세기에는 동남아시아의 넓은 지역을 지배할 정도였지요.

불교 순례지
수백 년 동안 앙코르의 지배자들은 힌두교를 믿었지만, 13세기 후반에는 불교를 중요하게 여겼어요. 아시아 전역에서 불교도들이 이곳을 찾아오기 시작했지요. 중국 사신인 주달관도 찾아와 앙코르에 대한 책을 썼답니다.

불교 순례자들은 정신 수양을 위해 긴 여행을 떠나요.

자연으로 돌아가다
15세기에 앙코르는 더 이상 크메르 제국의 수도가 아니었어요. 전쟁과 가뭄 때문에 왕족들이 이곳을 떠나자, 도시는 쇠락의 길을 걸었어요. 도시 곳곳에는 식물들이 뿌리를 내리기 시작했지요.

앙코르 톰에 있는 바욘 사원의 벽은 돌을 깎아 만든 거대한 얼굴로 장식되어 있어요.

앙코르 톰
12세기 후반, 왕인 자야바르만 7세는 앙코르 안에 앙코르 톰이라는 도시를 새로 짓기 시작했어요. 그는 성안에 있는 오래된 사원들은 보존하고, 바욘 사원을 비롯한 새로운 사원들을 세웠어요.

기도의 중심지

한때 대도시였던 앙코르 안에 앙코르 와트 사원이
있어요. 앙코르 와트 사원은 성벽과 약 200미터 길이의
직사각형 해자로 둘러싸여 있어요. 앙코르 와트는
이 드넓은 사원 단지 한가운데에 자리 잡은, 세계에서 가장
큰 종교 기념물이에요. 5개의 첨탑은 힌두교와 불교에서
우주의 중심인 메루산(수미산)의 다섯 봉우리를 상징해요.

2 안쪽의 사원은
앙코르 와트에서 가장
신성한 곳이었어요.

이 이미지는 한때
사원 주위에 촘촘히 자리
잡았던 마을들의 흔적을
연한 주황색으로 나타내요.

도시의 그림자

고고학자들은 새로운 기술을 통해
앙코르 와트 주변 고대 건축물의 흔적을
확인할 수 있었어요. 레이저 스캐너의
힘을 빌려 운하, 도로, 마을이 담긴
지도를 만들었지요.

앙코르 와트의 어느 날

왕인 수리야바르만 2세가 사원을 방문하러 가는 길이에요. 왕은 신하들이 메고 있는 가마에 앉아 신성한 다리를 건너고 있어요. 왕에게는 양산으로 그늘을 드리웠지만, 사제들과 수행원들은 태양의 뜨거운 열기를 견뎌야 해요. 보통 사람들과 동물들은 이 다리를 건널 수 없어요.

마을 생활

사원 주변에는 큰 마을들이 흩어져 있었어요. 장인들과 농부들이 이곳에 살면서 시장에서 먹을거리, 바구니, 냄비 등 필요한 물건을 사고팔았어요.

앙코르 와트를 세운 왕

수리야바르만 2세는 12세기 초에 앙코르 와트를 세웠어요. 엄청난 규모의 힌두교 사원을 세움으로써, 백성들과 적들에게 자신의 권력을 보여 주었지요. 사원의 프리즈에는 그의 초상화가 새겨져 있어요.

이 조각은 시장 가판대에서 생선을 사고파는 여인들의 모습을 표현했어요.

벼 이삭

벼 재배

쌀은 크메르 제국의 주요 식량이었어요. 사람들은 매일 쌀을 먹었고 쌀을 다른 것으로 교환하기도 했지요. 이들은 복잡한 체계의 물길을 파서 대규모로 벼를 키울 수 있었어요.

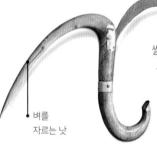

벼를 자르는 낫

벼

보드게임

많은 사람들은 한가할 때 체스와 비슷한 보드게임을 즐겼어요. 동물 싸움과 칼 삼키기도 인기 있는 오락이었지요.

1 연꽃 배
이 배를 타고 연꽃을 따서 사원에 바쳐요.

2 행렬
왕실 수행원들이 제물을 들고 사원을 향해 두 줄로 걸어가요.

3 왕
수리야바르만 2세는 매우 존경받는 왕이에요. 그에게는 적어도 9개의 양산으로 그늘을 드리워야 하지요.

"**왕**의 그림자라도 스치면,
사람들은 **무릎을 꿇고**
이마를 땅에 대고 조아려야 했다."

– 주달관, 1296년 앙코르를 방문한 중국 사신 –

④ 경배하는 사람들
사람들은 왕이 지나갈 때 무릎을 꿇고 기도해요.

⑤ 힌두교 사제
브라만 계급인 사원의 사제들이 그늘진 회랑을 따라 걷고 있어요.

⑥ 사원의 문
이 웅장한 문을 들어서면 신성한 단지가 나오고, 그 한가운데에 사원이 있어요.

⑦ 코끼리
이 코끼리는 물건을 나르는 훈련을 받고 있어요. 잘만 하면 언젠가 왕을 태우게 될 거예요.

⑧ 음식 바구니
이 사람은 밥이 가득 담긴 바구니를 근처의 농장에서 가지고 오는 중이에요.

⑨ 사랑받는 아이들
앙코르 아이들은 많은 사랑을 받아요. 이들은 어른들같이 긴 머리를 땋아 올려 묶고 다니죠.

잉카의 도시

고대 도시 마추픽추는 안데스산맥에 400년 넘게
폐허로 버려져 있었어요. 원주민 몇몇만 그 위치를
알고 있었지요. 이 숨겨진 안식처는 15세기 중반,
남아메리카 사람들인 잉카족이 세웠어요.
종교 중심지나 왕실의 휴양지로 쓰였던 것 같아요.

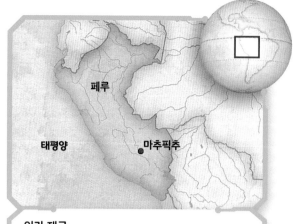

잉카 제국
잉카족은 남아메리카에서 산이 많은 서쪽 해안 지역을
지배했어요. 잉카족은 매우 조직화되어 있었고, 도시들을
연결하는 드넓은 도로망을 만들었지요.

잉카 황제
잉카의 지배자를 사파 잉카라고
했어요. 이 사파 잉카는
9대 군주인 파차쿠티예요.
마추픽추도 그가 다스린
땅이었지요.

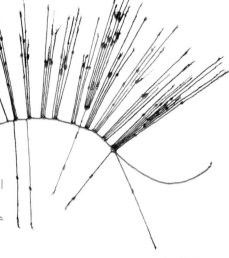

키푸
잉카에는 문자 체계가
없었어요. 끈에 매듭을 지어
만든 키푸로 정보를 기록했지요.
지금은 키푸를 읽을 수 있는 사람이
아무도 없어요. 그래서 고고학적
발굴을 통해서만 잉카에 대해 알 수
있답니다.

하이럼 빙엄
1911년, 미국 탐험가인
하이럼 빙엄이 안데스산맥에서
빌카밤바라는 잃어버린 도시를
찾고 있었어요. 현지인들은
그를 빌카밤바 대신 마추픽추로
안내했어요. 눈이 휘둥그레진 빙엄은
이 도시의 이야기를 전 세계에
알렸어요.

도시 발굴
1912년, 고고학자들이 마추픽추를
무성하게 뒤덮은 식물을 제거하기
시작했어요. 그들은 수천 장의 사진을
찍었고, 유물을 찾아내 미국으로
가져갔어요.

오늘날의 마추픽추

빙엄이 처음 마추픽추를 본 뒤부터 발굴은 계속
이어졌어요. 이 잉카 도시 유적지의 덤불을 깨끗이 쳐
내자, 수백 년 동안 그 자리에 있던 매끄러운 돌벽으로
지은 건축물들이 드디어 모습을 드러냈어요. 사람들은
이것을 닦아 내고 보수하고, 바깥쪽 구조물 일부는
완벽하게 다시 세웠답니다.

1 태양의 돌

해시계로 쓰인 이 돌에는
동서남북을 가리키는
4개의 점이 있어요.

2 집

잉카의 집은 돌벽과
초가지붕으로 이루어져
있었어요.

뾰족한 산꼭대기

이 도시는 사방이 가파른 낭떠러지로
둘러싸인 산등성이에 자리 잡고 있어요.
이 도시 위로 보이는 가장 높은
산봉우리인 와이나픽추에는 한때
잉카의 신전들이 우뚝 서 있었지요.

1 대제사장
이 제사장은 이곳에서 가장 높은 지점인 신성한 돌 근처에 서 있어요. 이 돌은 달력으로 쓰인 것 같아요.

2 좋은 전망
황제의 의식을 지켜보는 귀족들은 높은 계단식 밭에서 경치도 즐기고 있어요.

3 농토
주변에 평지가 거의 없어서 농부들은 비탈에 계단식 밭을 만들었어요.

4 행렬
마추픽추에는 신전이 많아요. 이 사제들은 그중 한 신전으로 가는 중이에요.

5 신전
이곳은 마추픽추의 주요 신전이에요. 이 안에 있는 반짝이는 황금 상들은 태양신 인티를 나타내요.

6 황제
황제는 매일 이곳에 와서 태양신 인티에게 포근한 모직 망토인 운쿠를 제물로 바쳐요.

마추픽추 사람들의 생활

지금은 마추픽추에서 일 년 중 가장 바쁜 시기예요. 황제가 찾아와 대제사장과 귀족들이 지켜보는 가운데 의식을 치르고 있거든요. 그런데 한 전령이 급한 소식을 가지고 떠나고 있어요. 어떤 소식일까요?

7 돌 캐기
더 많은 건축물을 짓기 위해 돌을 캐고 있어요. 무거운 돌을 나르는 데 라마도 거들지요.

8 전령
전령이 소식을 가지고 급히 떠나요. 사람들에게 길을 비켜 달라고 고동을 불 거예요.

9 키푸
소식은 이 키푸에 매듭을 지어 기록되었어요. 틀림없이 중요한 내용일 거예요.

10 경계 근무!
넓은 중앙 광장에서 근위병들이 황제를 기다리고 있어요.

11 창고
길고 좁은 창고에는 제국에서 생산된 물건들을 보관했어요.

12 조심해!
벽을 쌓던 사람이 화를 내요. 전령이 급히 지나가는 바람에 갓 쌓은 돌이 떨어졌거든요!

성스러운 도시

마추픽추는 종교 중심지예요. 이곳에는 신전이 네 곳 있는데,
그중에서 태양신 인티를 모시는 태양의 신전이 가장 중요해요.
잉카인들은 황제가 인티의 후손이라고 믿었어요. 그래서 황실 가족이
이 성스러운 도시에 자주 와 있나 봐요.

마추픽추에는 **150개**가 넘는 **건물**이 있어요.

이 튜닉은 기하학적 무늬로
짜여 있어요. 이런 귀한
옷들은 선물로 주고받거나
지위가 높은 사람들이 입었어요.

화려한 의상
잉카인은 라마, 알파카, 비쿠냐의 털로 천을 짰어요. 색이
다양하고 무늬가 아름답고 정교한 천이지요. 이런 직물이
지금까지 보존된 것은 안데스산맥의 건조하고 추운 기후
덕분이에요.

신전
이 신성한 건물은 지붕이 없고
한쪽이 자연에 그대로 열려 있어요.
완벽하게 맞도록 잘라 낸
돌을 쌓아 지어서, 모르타르를
전혀 쓰지 않고도 꼭 맞았죠.

이것은 태양신
인티의 모습을
금판에 새긴 거예요.

마마쿠나는 의식에서
노래하고 북을 치는
여자들이에요.
어렸을 때 뽑혀서
신전에서 생활하며
기술을 익히지요.

음악은 잉카의 의식에서
중요했어요. 악기는 대체로
여자들이 연주했어요.

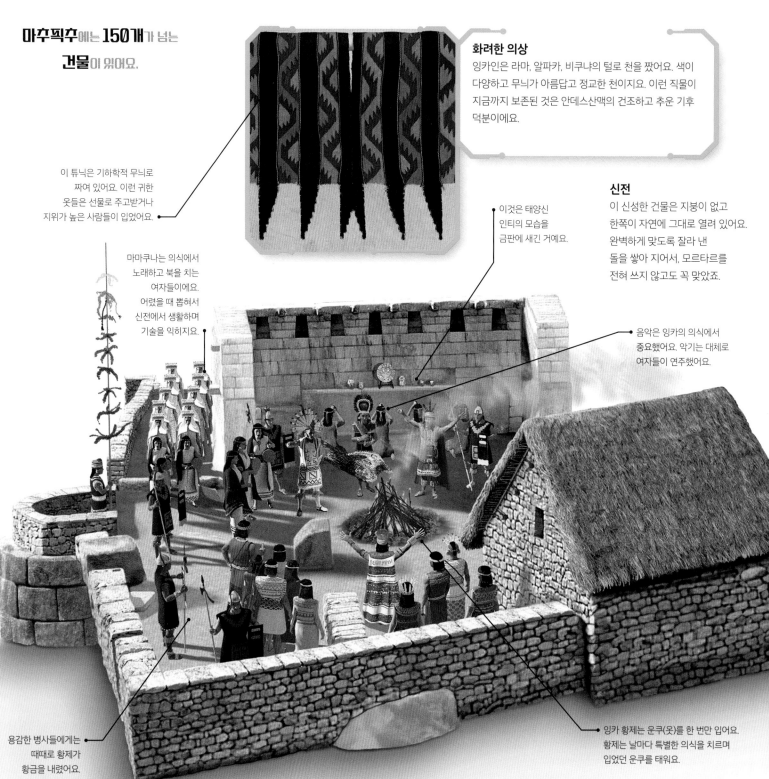

용감한 병사들에게는
때때로 황제가
황금을 내렸어요.

잉카 황제는 운쿠(옷)를 한 번만 입어요.
황제는 날마다 특별한 의식을 치르며
입었던 운쿠를 태워요.

해시계

바위를 깎아 만든 이 시계는
마추픽추에서 가장 높은 곳에 있어요.
태양의 움직임을 알아보는 데 쓰였지요.
일 년 중 낮이 가장 짧은 날에 태양이
이 바위와 일직선이 되는 위치에 오면
인티를 기리는 축제가 열렸어요.

지붕은 식물과
풀을 엮어
만들었어요.

관측대

마추픽추 맨 위에 자리 잡은 건물은
관측대였을 거예요. 사제들은 이곳에
와서 태양의 움직임을 알아보았겠지요.

태양 신전의 대제사장은
주로 황제의 형제가
맡았어요.

사제와 여사제 들은
황제와 황후
바로 다음으로
지위가 높았어요.

귀족은 세금을 걷는 등,
황제가 제국을 다스리는
일을 도왔어요.

이음새들을 보면
여러 조각을 용접해서
만들었다는 것을 알 수 있어요.

마추픽추의 건물들은 약 3,000개의
계단으로 이어져 있어요.

신들의 금

잉카인은 금을 '태양신의 땀'이라고
부를 만큼 신성하게 여겼어요.
금은 장식품, 특히 신상을 만드는 데
쓰였지요. 또한 이 황금 라마상같이
신에게 바칠 물건을 만드는 데에도
쓰였어요.

"**마추픽추**의 유적을 보고 나니
이 환상적인 **고대** 문화가
파피에 마세(종이 펄프 등으로 만든 작품)
같았다…."

- 파블로 네루다, 칠레 시인 (1904-1973년) -

독창적인 잉카

마추픽추는 안데스산맥 높은 곳에 자리 잡고 있어요. 이곳은 공기가 희박하고 농토가 부족해요. 그래도 잉카 제국은 번성하고 있어요! 체계적인 사회라서 모든 물품을 중앙에서 관리하고 나누어 주지요. 그리고 농부들은 농작물의 수확량을 늘리려고 노력하고 있어요.

창고

잉카 사회는 매우 조직적이었어요. 사람들은 일 년 중 정해진 기간 동안 제국을 위해 일하고 생산물을 지역 창고에 실어 날라야 했어요. 그러면 정부 관리들이 물품을 어떻게 나눌지 결정했지요.

사람들이 자신이 생산하거나 만든 물건을 창고로 가져오고 있어요.

돌로 지은 창고

먹을거리, 도자기, 금속 공예품과 같은 물품을 모두 창고 안에 보관했어요. 이 귀중한 물건들을 보호하기 위해 창고 주위에 둘러친 돌벽이 지금까지 남아 있어요. 안에 있는 물건에 습기가 차지 않게 했던 초가지붕은 물론 오래전에 썩어 없어졌지요.

잉카 도자기의 장식 무늬는 매우 정교해요.

의식용 음료

잉카인들은 옥수수로 치차라는 알코올음료를 만들었어요. 사람들은 이 술을 마시기도 하고 신에게 바치기도 했어요. 치차는 손잡이가 두 개 달린 병에 담아 날랐는데, 손잡이 사이를 밧줄로 연결해 사람의 등에 묶을 수도 있었어요. 이 술도 다른 물건들처럼 창고에 보관했지요.

고고학자들이 남아메리카에서 발견한 잉카족의 창고는 2,000개가 넘어요.

계단식 밭

마추픽추는 가파른 절벽으로 둘러싸여 있었어요.
따라서 작물을 재배할 땅이 넉넉지 않아
산비탈에 밭을 일구어야 했지요.

잉카 사람들 대부분은
농부, 장인 또는
하인이었어요.

돌벽은 낮에 태양열을
흡수했어요. 그 덕분에
밤에도 식물이 온기를
유지할 수 있었지요.

계단식 밭의 평평한 곳에서는 다양한 작물을 함께
심을 수 있었어요. 콩은 옥수수 줄기를 타고 올라가고,
그 밑에서는 호박이 무럭무럭 커 나갔지요.

땅 파기

잉카의 농부들은 차키타클라라는 도구로 씨앗을
심었어요. 긴 나무 막대기에 구부러진 손잡이와 발
받침대를 단 도구였죠. 농부들은 이 도구에 발과 몸의
힘을 실어 땅에 구멍을 쉽게 팔 수 있었어요.

농토

위에서 보면 잉카인들이 산비탈에 어떻게 계단을 파고
벽을 쌓아 수직 부분을 지탱하게 했는지 알 수 있어요. 이런
식으로 평평한 땅 조각을 층층이 일군 것을 계단식 밭이라고
해요. 잉카의 농부들은 이 공간을 이용해서 옥수수를 비롯한
여러 작물을 키웠어요. 거두어들인 옥수수로 치차를 빚기도
했지요.

쓸모 많은 동물
라마는 남아메리카의 토박이 동물이에요. 잉카에서는
고기, 우유, 털을 얻기 위해 라마를 길렀어요. 또한 산길을
따라 무거운 짐을 운반하는 짐꾼으로 부리기도 했지요.
오늘날에도 안데스산맥의 마추픽추 유적지 근처에는
라마가 많이 살고 있어요.

비단길

16세기 이자드카스트의 카라반세라이(여관)는 덥고 먼지가 많은
이란의 사막을 통과하는 고대 무역로를 따라 자리 잡고 있어요.
아시아와 유럽을 오가는 상인들을 보호하기 위해 지어진 많은 건축물 중
하나였지요. 길을 따라 곳곳에 자리한 카라반세라이는 여행자들의 안전한
잠자리이자, 상품과 기술, 풍습 및 새로운 생각을 주고받는 곳이기도 했어요.

무역의 관문

이자드카스트는 유럽과 중국 사이에 있는
이란(예전의 페르시아)에 자리 잡고 있어요.
비단길을 다니는 상인들은 이 지역을 반드시
통과해야 했어요. 이곳을 다스리던 사파비 제국은
여행하는 상인들에게 상품을 팔아 부를 누렸지요.

웅장한 이자드카스트

아치형 관문은 카라반세라이를 드나드는 유일한
통로였어요. 밤에는 손님의 안전을 위해 잠가 두었을
거예요. 안마당에서는 물건을 사고팔거나 친분을
나누었고, 가장자리에 빙 둘러 있는 벽감에서는 상인들과
하인들이 편안하게 쉬었지요. 성 주위에는 여러 건물이
모여 있었는데, 이 카라반세라이도 그중 하나였어요.

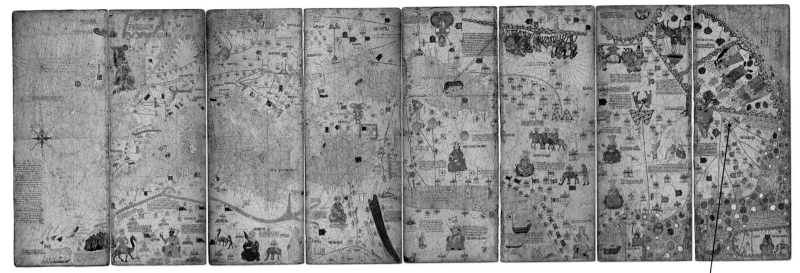

비단길

이 에스파냐 지도에는 중국과 유럽 사이의 무역로인 비단길로 연결된 지역들이 나와 있어요. 지도 제작자들은 마르코 폴로 같은 상인들의 보고서를 참고해서 이 지도를 완성했을 거예요.

지도는 중국의 베이징을 위대한 칸(군주를 이르던 말)의 도시라고 설명해 놓았어요.

위험한 여정

비단길을 따라 여행하는 사람들은 카라반이라고 하는 대규모 상단에 합류했어요. 이렇게 함께 다니면 힘겨운 사막 환경에서 잘 살아남을 수 있었고, 도적의 공격으로부터 보호받을 수 있었어요.

휴게소

카라반세라이는 장거리 여행자들이 잠시 쉬어 갈 수 있는 곳이었어요. 대개 붐비는 무역로에서 하루 정도 떨어진 곳에 지어졌지요. 1898년 무렵의 이 사진에서 볼 수 있듯이, 카라반세라이에는 수백 년 동안 발길이 끊이지 않았어요.

아바스 1세

페르시아 사파비 제국에서 가장 유명한 통치자는 1588년부터 1629년까지 다스린 아바스 1세예요. 그가 다스리던 시절, 페르시아는 강력한 군사 제국이 되었어요. 또한 예술이 꽃피고 무역망은 더욱 탄탄해졌고, 이자드카스트를 비롯한 많은 지역에 카라반세라이가 지어졌어요.

이 화려한 비단은 중국에서 들여왔을 거예요.

벽감 안 그늘에서 사막의 태양을 피할 수 있었어요.

이렇게 휘어진 칼을 시미타라고 해요.

1 음식 준비
카라반세라이의 여자들은
남자 여행자들과 멀찍이
떨어진 공간에서 요리를 해요.

2 다과
종업원은 여러 다른 지역에서
온 상인들에게 마실 것을
가져다주지요.

3 재미있는 게임
이 여행자는 지금 하고 있는
샤트란지 게임에서 이기는
사람과 한판 붙어 보기로
했어요.

4 대접받는 짐꾼
낙타는 귀중한 운송
수단이에요. 낙타 등에서
짐부터 내린 뒤에야, 사람들이
편히 쉴 수 있지요.

5 흥정
이 여행자들은 물건을 사고팔
기회를 놓치지 않고 고급
양탄자의 가격을 놓고
흥정해요.

6 뒤늦게 온 여행자
카라반세라이에 새로운
얼굴이 보이네요.
이 여행자는 문이 잠기기
직전에 도착했어요.

바쁜 저녁

이자드카스트에 저녁 어스름이 내리며 날이 저물고 있어요. 지친 여행자들은 사막의 추위와 알 수 없는 위험을 피해 이자드카스트에서 쉬고 있어요. 사람들은 아시아, 아프리카, 유럽 전역에서 왔지요. 이들은 요리하고, 먹고, 동물들을 쉬게 하고, 잠자리에 들기 전에 짐을 정리해요. 내일은 또다시 온종일 걸어야 하니까요.

이 조각상은 중국 도자기를 실은 낙타의 모습이에요.

사막의 배

비단길의 사막을 오가는 최고의 운송 수단은 낙타였어요. 낙타는 튼튼하고 최대 225킬로그램까지 무거운 짐을 나를 수 있어요. 또한 건조한 환경에서도 잘 견뎌요. 말에 비해 물을 훨씬 덜 마시고, 발굽이 넓어 모래에 잘 빠지지 않는답니다.

이 윗옷은 금속사로 짠 비단에 은박을 넣어 지었어요.

귀중한 비단

비단실은 누에나방의 고치에서 뽑아내는 실이에요. 이 실로 부드럽고 가볍고 고급스러운 직물인 비단을 짤 수 있지요. 비단 생산 방법은 오랫동안 중국에서 철저하게 비밀로 보호했어요. 비단은 구하기 힘들기 때문에 매우 비쌌고, 너무나도 아름답기 때문에 비단을 보는 순간 누구나 갖고 싶어 할 수밖에 없었지요.

섬세한 장식용 수술을 보면 이 옷을 지은 페르시아 재단사의 놀라운 기술을 알 수 있어요.

고급 금속 세공

정교하게 만든 금속 제품은 비단길 어디서나 거래되었어요. 이 촛대는 사파비 왕조 시대에 만들어진 거예요. 구리에 다른 금속을 섞은 청동 제품이지요.

샤트란지 게임

비단길을 따라 거래된 것은 상품만이 아니었어요. 인도의 게임인 차투랑가는 페르시아로 건너가 샤트란지라는 게임으로 발전했고, 이것은 나중에 체스가 되었어요.

샤트란지에 쓰이는 말은 오늘날 우리가 사용하는 체스 말보다 단순하게 생겼어요.

7 저녁 기도
분수대 옆에서 한 무슬림 여행자가 매트 위에 무릎을 꿇고 일몰 기도를 시작해요.

8 비단 판매
어느 상인의 하인이 주인이 팔고 싶어 하는 비단에서 먼지를 털어 내고 있어요.

라파누이섬

태평양 한가운데 있는 어느 섬에는 모아이라는 약 900개의 거대한 조각상들이 놀라운 풍경을 펼치고 있어요. '라파누이'라는 이 섬은 '부활절'을 뜻하는 '이스터'섬으로도 알려져 있어요. 유럽인이 이곳에 처음 닿은 날이 1722년 부활절 일요일이었거든요. 이 조각상들은 대략 1000~1600년대에 걸쳐 폴리네시아인들이 세운 거예요. 18세기 후반 즈음에는 쓰러진 게 대부분이었지만, 1960년부터 다시 세워지게 되었지요.

외딴 섬
라파누이섬은 태평양에 있는 1,000개의 섬으로 이루어진 폴리네시아에서 가장 멀리 떨어진 섬 중 하나예요. 라파누이는 칠레의 영토지만 육지에서 3,500킬로미터나 떨어져 있어요.

라파누이의 거석들
라파누이 곳곳에 있는 거대한 모아이 조각상은 중요한 조상들의 영혼을 상징하는 것으로 여겨졌어요. 이들은 섬 주민들을 지키고 보호하기 위해 섬 안쪽을 바라보고 있었어요. 대부분의 조각상은 높이가 4미터지만, 10미터나 되는 것들도 있어요. 홀로 떨어져 있는 것도 있고, 나란히 모여 있는 것들도 있지요.

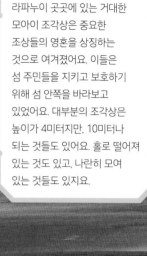

눈을 찾다!
1978년에 모아이 조각상을 파내던 고고학자들은 하얀색 산호석 조각을 발견했어요. 고고학자들은 이 조각이 모아이의 눈구멍에 꼭 맞는 눈이라는 사실을 깨달았죠. 단 하나만 발굴된 이 눈은 라파누이의 세바스티안 엔글레르트 박물관에 전시되어 있어요.

라파의 이쪽 끝은 귀걸이를 단 사람의 얼굴을 나타내요.

춤출 때 쓰는 도구
춤 의식은 라파누이 문화에서 중요한 부분이었어요. 남성과 여성 모두 노처럼 생긴 라파라고 하는 도구를 흔들면서 춤을 추어, 움직임을 더욱 강조했어요. 춤꾼들은 들고 다니는 도끼에 라파를 올려 휙휙 돌리기도 했지요.

라파의 저쪽 끝은 사람의 몸을 나타내요.

잊혀진 언어
라파누이에서 나무조각에 새겨진 문자들이 발견되었어요. 수백 개의 새와 동물 그림을 체계적으로 새긴 이 문자를 롱고롱고라고 해요. 그러나 지금까지 아무도 뜻을 알아내지 못했어요.

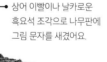

상어 이빨이나 날카로운 흑요석 조각으로 나무판에 그림 문자를 새겼어요.

카누
폴리네시아인들은 배를 만들고, 항해하고, 뱃사람 노릇을 하는 데 매우 뛰어났어요. 나무로 만든 카누를 타고 태평양 일대를 수천 킬로미터나 항해했지요. 오늘날 라파누이 사람들은 갈대를 엮은 카누를 타고 경주를 하며 이 전통을 기리고 있어요.

라파누이의 모아이들은
아후라고 하는 긴 의식용 단
위에 세워진 게 많아요.

나무 조각상
라파누이섬 주민들은
조각상을 돌로만 만든 게
아니었어요. 정교하게
조각된 나무 조각상인
모아이 카바카바는 갈비뼈가
보일 정도로 마른 남자를
묘사해 놓았어요. 아마 섬
주민들이 자신의 집에 모신
조각상일 거예요.

화산섬
라파누이는 화산이 폭발하면서 분출된
용암이 굳어진 바위로 이루어진
섬이에요. 지금은 사화산이 된 포이케,
라노 카우, 테레바카 등 세 화산은 이 섬
어디에서나 보여요.

1 힘을 합쳐요
조각상이 어마어마하게
무겁기 때문에 제자리에
놓으려면 여럿이 힘을 합쳐야
해요.

2 눈구멍
모아이의 눈구멍 주위를
밧줄로 칭칭 감았어요. 눈은
나중에 끼워 넣을 거예요.

3 눈에 띄는 특징
모아이의 머리는 몸통에 비해
큰 편이에요. 얼굴 조각은
강인해 보이며 일정한 특징을
갖고 있어요.

4 몸에 그린 예술
섬 주민들은 몸에 정교한
문신을 새기고 특이한
문양으로 장식했어요.

5 풀로 엮은 옷
라파누이는 따뜻해요.
섬 주민들은 풀로 엮은 옷을
입고 시원하게 지내요.

6 경사로
경사로를 따라 이 조각상을
아후(의식용 단상)로 올려요.

라파누이의 거대한 조각상들은 평균 무게가 **13톤**이나 나가요.

모아이 세우기

라파누이섬 사람들은 모아이를 한 개 더 세워야 해요. 이들은 이미 이 석상을 땅에서 바로 들어 올리지 않고 밧줄로 묶어 좌우로 흔들면서 섬 전체를 가로질러 옮겨 두었어요. 이제는 아까 세워 놓은 모아이와 나란히 놓으려고 땀을 뻘뻘 흘리고 있어요. 정말 덥고 힘든 일이에요!

채석장
모아이의 약 95퍼센트는 라노 라라쿠 채석장에서 구멍이 많은 화산암인 응회암으로 조각했어요. 조각상은 거대한 응회암 한 덩어리로 만들었지요. 아직도 채석장에는 모아이 조각상이 400여 개나 남아 있어요.

복잡한 조각
모아이의 등은 암각화라고 하는 그림으로 장식되어 있어요. 조각상의 머리와 앞면은 바닥에 누워 있을 때 조각했지만, 뒷면은 조각상을 똑바로 세운 뒤에 완성했지요.

이 카누는 이 조각을 새긴 가족의 상징이에요.

상투와 비슷한 붉은 푸카오

붉은 상투
어떤 모아이들은 상투와 비슷한 푸카오를 쓰고 있어요. 붉은색 푸카오는 몸통에 사용된 응회암과는 다른 종류의 붉은 화산암으로 만들어졌어요. 푸카오를 쓴 모아이는 다른 것들보다 나중에 조각된 것 같아요.

비용은 고구마로
조각상을 갖는 대가로 사람들은 조각가에게 고구마, 닭, 도구들을 주곤 했어요. 고구마는 원래 남아메리카가 원산지예요. 폴리네시아인들은 태평양을 가로지르며 수천 킬로미터를 항해해서 라파누이까지 고구마를 들여왔을 거예요.

7 등에 새긴 조각
모아이 조각상의 등마다 동물과 새 모양 및 무늬가 새겨져 있어요.

8 화산암
한창 일하는 섬 주민들 위로 라노 라라쿠 분화구가 우뚝 솟아 있어요. 모아이를 만드는 응회암은 여기서 가져오지요.

모아이의 눈

라파누이섬에 있는 모아이 조각상의 새하얀 눈은 하얀
산호석으로 조각되어 있어요. 눈동자는 붉은색
스코리어로 만들었지요. 모아이 조각가는 머리와 몸통 등
다른 부분을 먼저 만든 다음 눈을 만들어 넣었어요.
이 모아이는 눈이 복원된 유일한 조각상이에요.

일본의 요새

구름바다 위에 자리한 다케다성의 폐허는 높은
언덕에 있는 성의 윤곽을 빙 둘러싸고 있어요.
이 산성은 1441년에 처음 지어졌고,
1585년 무렵에는 방어력을 높이기 위해 주위를
거대한 돌벽으로 둘러싸게 되었어요. 이 보수 공사는
일본 사회가 불안하여 어디서나 성을 쌓고 방어
능력을 강화하던 시기에 이루어졌어요.

전략적 위치
다케다성은 일본의 중요한 섬인 혼슈섬의 서쪽에
있어요. 해발 약 353미터의 산마루에 자리 잡아,
근처를 지나는 고속 도로가 훤히 내려다보이지요.

훌륭한 구조
대부분의 일본 성은 중앙 천수각과
여러 개의 안마당, 성벽, 망루, 해자
등 공통된 특징을 갖고 있어요.
이것은 전성기 때의 모습을 복원한
히메지성이에요.

계층 사회
일본은 철저한 계층 사회였어요. 무사(사무라이), 농부,
장인, 상인 등으로 계층이 뚜렷이 나뉘어졌고, 저마다
엄격한 규칙 아래 정해진 일만 할 수 있었어요. 사회의
최상위 계층은 사무라이들이 섬기는 다이묘(영주)였어요.

이 다이묘는 너무나도
중요한 인물이라
걷지 않고 신하들이
가마에 태우고 다녀요.

전투 깃발
다이묘는 전쟁터에서 사무라이로 이루어진 군대를
이끌었어요. 다이묘마다 자기 군대를 상징하는 군기가
있었어요. 아래 그림에서 볼 수 있듯이, 군기는 깃발, 부채,
투구 모양일 수도 있었어요. 높은 장대에서 펄럭이는 군기를
보면 어느 다이묘가 전투에 참가했는지 알 수 있었지요.

성의 내부
성안의 방들은 종이로 도배한
벽과 부드러운 돗자리인 다다미로
편안하게 꾸며져 있었어요.
복원한 이 방 벽에 그려진
그림에서 볼 수 있듯이,
다이묘들은 뛰어난 그림으로
방을 장식하여 부를 과시했어요.

이어진 안마당

다케다성은 안마당이 차례로 이어지도록 지어졌어요. 적들은 각 안마당을 통과하기 위해 싸워야 했지요. 이 사진에 나온 중앙 안마당에는 다이묘와 그의 가족이 살던 곳이 있었을 거예요.

성벽을 매우 두텁게 쌓았기 때문에, 버려진 지 400년이 넘었지만 여전히 굳건하게 서 있어요.

자연 방어

다케다성은 외딴 산꼭대기에 자리 잡고 있어 방어에 유리했어요. 1600년에 버려진 이 성의 중앙 건물은 세월이 흐르면서 무너져, 아름답고 튼튼한 돌벽만 남았어요. 폐허가 되어 있긴 해도, 이 성의 유적은 지금도 여전히 눈길을 끄는 구조를 자랑하고 있어요.

이 성은 위치가 매우 높아서, 구름 위에 있을 때도 있어요.

내전

16세기 내내 일본에서는 내전이 벌어졌어요. 다이묘들은 땅과 권력을 차지하려고 서로 싸웠고, 스스로를 방어하기 위해 성을 쌓았어요. 내전을 끝낸 전투가 바로 이 그림에 보이는 세키가하라 전투예요.

오늘날 일본에는 **100개가 넘는** 성이 있어요. 그중 **12개**에만 원래의 천수각이 남아 있어요.

1 안주인
다이묘의 아내가 발코니에 서 있어요. 남편이 오는 모습을 아들에게 가리키고 있네요.

2 하인
하인들은 어떤 명령이든 받아들일 자세로 안주인 근처에 대기하고 있어요.

3 후계자인 아들
다이묘의 아들은 얼른 자라서 아버지와 사냥 여행을 가고 싶어요.

4 다시 집으로
다이묘가 돌아왔어요! 오랜 여행으로 덥고 지쳐 있어요.

5 호위 무사
충성스러운 호위 무사들이 늘 다이묘 곁을 지키고 있어요. 다이묘는 절대 혼자 있지 않아요.

6 야구라
이 작은 탑은 망루로 쓰여요. 이곳에서는 사방을 내려다보며 감시할 수 있지요.

다이묘의 귀환

다이묘가 산에서 사냥을 잘 마치고 돌아오고 있어요.
그는 말을 타고 성 안마당으로 들어오고, 성의 주민들은
영주가 돌아오는 모습을 보기 위해 모여들지요.

성의 정원

일본 성에는 차 마시는 공간과
다리가 있고, 희귀한 식물을
심은 정교하고 아름다운
정원이 있었어요. 천수각에서
내려다보며 감상하거나 직접
산책할 수 있도록 설계되었지요.
이곳은 오사카성의 정원이에요.

나무로 만든
이 병은
금과 옻칠로
장식했어요.

사케 병

이 장식용 병에는 쌀을 발효시켜 빚은
술인 사케가 들어 있어요. 이 술은
특별한 날에만 마셨어요. 새해와
종교 축제 때 신에게 바치기도
했지요.

사무라이의 갑옷

사무라이는 어릴 때부터 검술과 활쏘기를 배운 고도로 훈련된
무사였어요. 이들은 다이묘에게 충성을 맹세했지요.
사무라이의 갑옷은 용과 사나운 얼굴 등
무시무시한 모습으로 꾸몄어요.

귀족 여성

일본 여성들은 서도, 시, 음악, 무용 등
다양한 분야의 기술을 익혔어요.
다이묘가 자리를 비우면 성의 안주인인
그의 아내가 성의 방어를 책임졌어요.

사무라이를 태운
말에도 이런
가면을 비롯한
갑옷을 입혔지요.

7 마스가타

성의 정문과 두 번째 문
사이에 있는 안마당으로
적의 침입을 잘 방어할 수
있는 공간 역할을 해요.

8 농민

이 농민들은 다이묘에게
세금으로 바칠 쌀을 실어 가고
있어요.

쭝국의 만리장성

만리장성은 약 6,350킬로미터에 이르는 중국 북부의 광대한
요새와 성곽의 이름이에요. 북쪽의 적, 특히 몽골족의
침입을 막기 위해 세워졌어요. 여기에 보이는 무톈위 구간은
1500년대 중반에 완공된 만리장성의 일부예요.
처음 지어졌을 때나 지금이나 거의 비슷한 모습이지요.

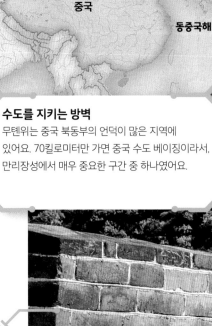

성곽은 대체로
가장 가파른 곳에
쌓았기 때문에
적이 공격하기가
더욱 어려웠어요.

수도를 지키는 방벽
무톈위는 중국 북동부의 언덕이 많은 지역에
있어요. 70킬로미터만 가면 중국 수도 베이징이라서,
만리장성에서 매우 중요한 구간 중 하나였어요.

먹을거리와 음료
만리장성의 병사들은 인근 농장과 마을에서 가져온
쌀과 채소로 간단히 먹고 살았어요. 병사들은 말린 찻잎
덩어리와 떡을 받았어요. 민물에는 박테리아가 있을지도
몰라 그냥 마시기는 불안했어요. 물을 끓여서 찻잎을
우려 마시는 게 가장 나았지요.

튼튼한 돌벽
벽돌을 쌓아 올린 무톈위의
성곽은 높이가 9미터,
너비는 4~5미터예요. 성곽의
꼭대기에는 대포를 발사할 수
있는 구멍이 뚫려 있었어요.

대포도 있었지만, 뾰족한
못들을 박아 놓은 '굴림대'를
장성의 옆면을 따라 떨어뜨려서
적들이 기어 올라오지 못하게
했어요. 또한 이것을 바닥에
대고 굴리면 적이 걸려 넘어져
크게 다치기도 했지요.

공사를 지휘한 장군
만리장성 공사는 기원전 221년 무렵
시작되었지만 처음에는 구조가 매우
간단하고 낮았어요. 1550년 몽골이 중국을
공격한 후, 척계광 장군은 만리장성을 더욱
튼튼히 쌓으라는 명령을 받았어요. 이때 설치한
망루와 방어용 성곽을 지금도 무톈위에서 볼 수
있어요.

승인 인장
건축업자들은 벽돌 한 판마다 인장을
찍어야 했어요. 품질이 나쁠 경우,
정부에서 담당자를 찾아내 처벌하기
위해서였지요. 지금도 이렇게 인장이 찍힌
벽돌을 볼 수 있어요.

적을 발견하면 나뭇가지와 나무 더미를 망루 꼭대기에
쌓아 놓고 불을 질렀어요. 불이 내뿜는 '늑대 연기'는
수 킬로미터 밖에서도 볼 수 있었어요. 중국에서는
늑대를 위험의 상징으로 여겼기 때문에 이런 봉화를
늑대 연기라고 불렀답니다.

망루 지붕에 있는 막사는
비바람을 피할 수 있는
은신처이자 식량과 무기를
보관하는 여분의 창고였어요.

엄청난 규모
오늘날 볼 수 있는 장성은 주로
명나라(1368-1644년) 때 지어졌고,
대부분은 1500년대 중반에 쌓았어요.
장성의 일부는 세심하게 복원되었는데,
대표적인 곳이 여기 보이는 무톈위
구간이에요.

자연으로 돌아가는 장성
무톈위와 가까운 젠커우 같은 만리장성의 일부
구간은 보수 상태가 매우 좋지 않아요. 이처럼
무너져 가는 지역을 '야생 장성'이라고 해요.

비밀 성분
최근까지만 해도 과학자들은 만리장성의 벽돌을 붙여 주는
모르타르가 왜 그렇게 오랫동안 유지될 수 있었는지 궁금해했어요.
실험 결과 석회암과 모래로 만든 모르타르 시멘트에는 초강력 성분이 들어 있었어요.
바로 찹쌀가루였지요. 실제로 찹쌀은 오래될수록 끈기가 더욱 강해진답니다.

장성을 수호하라!

일꾼들이 새 망루를 이제 거의 다 쌓아 가고, 보초 몇 명은 졸고 있는데 갑자기
"적이다!"라는 외침이 사방에 울려 퍼져요. 몽골군이 무시무시한 공격을
퍼붓기 시작했어요. 중국 병사들은 적군을 막기 위해 급히 움직여야 해요.

1 숲
이 나무들은 접근하는 적들을
가려 줘요. 하지만 장성 근처의
나무들은 모두 베어졌어요.

2 경계!
망루를 지키던 보초가 적이
오고 있는 것을 매의 눈으로
찾아내고 소리 높이 신호를
보내요.

3 습격하는 몽골군
만리장성 북쪽 지역의
몽골족은 중국이 가장
두려워하는 적이었어요.

4 해자 건너기
몽골군은 장성 앞의 깊은
해자를 건너려고 꾀를 내어
사다리를 수평으로 걸쳐요.

5 기습 공격!
몽골군의 칼은 매우
날카로워서 경비병의 갑옷을
쉽게 뚫을 수 있지요.

6 망루
장성의 각 구역에 있는
'지휘소'에는 식량, 무기,
갑옷을 보관해요.

7 건설

장성의 방어력을 강화하기 위해, 망루를 또 하나 쌓고 있어요.

8 대포

이 대포는 폭발성 화약으로 가득 찬 대포알을 쏘아 대요.

9 봉화

장성을 따라 멀리 있는 부대에 몽골군이 여기 와 있다고 알리는 연기가 올라가요.

10 순찰병

이 병사는 장성의 다른 구역에 적이 공격했다는 소식을 전해요. 몽골군의 습격은 예상보다 더 심각해요!

11 농장

근처 농장의 농부들은 전혀 겁먹지 않아요. 장성이 보호해 줄 거라고 믿거든요.

12 벽돌 가마

새 망루를 쌓을 벽돌을 이곳에서 구워요. 뜨거운 가마는 온도가 섭씨 800도까지 치솟아요.

방수 지붕

기와는 망루의 지붕에 비가 새지 않도록 막아 주고 보호하는 역할을 했어요. 지붕의 처마 끝에 올리는 기와인 막새에는 동물, 식물 및 여러 상징물이나 귀신을 쫓을 목적으로 전설 속 괴물인 타오티에의 얼굴을 새겨 구웠어요.

튼튼한 망루

장성의 망루가 튼튼하게 지어졌어요. 어떤 망루에는 지붕을 얹은 작은 건물인 '푸팡'을 짓고 초소로 사용했어요. 망루와 푸팡은 모두 피난처로 쓰였고, 양식, 물, 갑옷, 무기 및 기타 물자를 보관하는 창고이기도 했어요.

쇠뇌

중국인들은 약 2,000년 동안 쇠뇌를 사용했어요. 여기 보이는 작은 쇠뇌는 성벽을 방어할 때 썼고, 이보다 큰 것은 만리장성에서 썼지요.

작은 쇠뇌는 30-40미터를 날아가요.

폭발성 탄약

망루에는 대포알이 넉넉히 보급되었어요. 쇠로 된 대포알은 단단해 보이지만 속은 비어 있어요. 그 안에 화약을 채워 넣었기 때문에 땅에 닿는 순간 폭발하지요.

지붕 위의 이 조각상은 잡상이라고 해요. 악귀를 쫓고 행운을 가져온다고 믿었지요.

장성을 지키는 병사들의 주식은 쌀이었어요. 그래서 늘 많은 쌀이 보관되어 있었어요.

푸팡은 망루 지붕 한가운데에 세워요.

근처 산에서 채굴한 돌로 망루의 벽돌을 만들었어요.

쇠뇌는 망루에 보관했다가 공격할 때만 썼어요.

가장 큰 망루에는 바닥에 돌이나 벽돌을 깔아 깨끗하고 건조하게 유지했어요. 작은 망루들은 흙바닥으로 되어 있어요.

층과 층 사이에 돌계단이나 벽돌 계단이 있는 망루도 있지만, 이곳에는 대나무 사다리만 있었어요. 그래서 무거운 짐을 들고 오르내리기가 어려워요.

"안개 속에 **거대하고 장엄하며,**
고요하고 무시무시한
만리장성이 우뚝 서 있었다…."

– W. 서머싯 몸, 작가 (1874-1965년) –

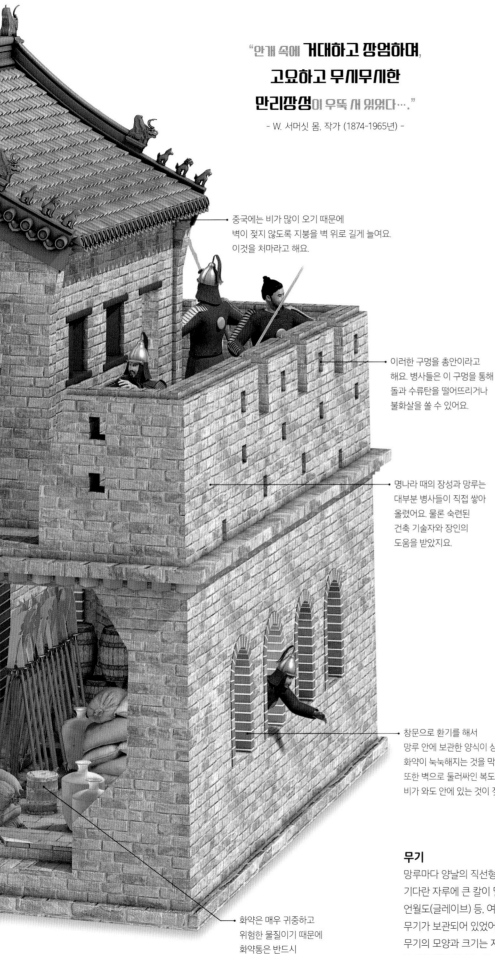

중국에는 비가 많이 오기 때문에
벽이 젖지 않도록 지붕을 벽 위로 길게 늘여요.
이것을 처마라고 해요.

이러한 구멍을 총안이라고
해요. 병사들은 이 구멍을 통해
돌과 수류탄을 떨어뜨리거나
불화살을 쏠 수 있어요.

명나라 때의 장성과 망루는
대부분 병사들이 직접 쌓아
올렸어요. 물론 숙련된
건축 기술자와 장인의
도움을 받았지요.

창문으로 환기를 해서
망루 안에 보관한 양식이 상하거나
화약이 눅눅해지는 것을 막을 수 있어요.
또한 벽으로 둘러싸인 복도 덕분에
비가 와도 안에 있는 것이 젖지 않아요.

화약은 매우 귀중하고
위험한 물질이기 때문에
화약통은 반드시
망루 안에 보관해요.

강력한 몽골군의 공격

만리장성은 몽골의 공격으로부터 중국을 방어하기 위해
세웠어요. 칭기즈 칸이 통치하던 1200년대에 몽골은 아시아와
유럽 일부를 정복했어요. 1500년대에는 세력이 약해졌지만
몽골군은 여전히 말타기와 활쏘기를 잘하는 무시무시한
전사였어요.

언월도는 길고
구부러진 칼날이
특징이에요.

이와 같이 긴 막대에
날이 3개 있는 무기를
'방천극'이라고 해요.

무기

망루마다 양날의 직선형 검과 창,
기다란 자루에 큰 칼이 달린
언월도(글레이브) 등, 여러 종류의
무기가 보관되어 있었어요.
무기의 모양과 크기는 저마다 달라도
목적은 똑같았어요. 안전하게 거리를
두고 적과 싸우는 것이었지요.

마을에서의 생활

병사들은 가족과 함께 장성 옆의 마을에 살면서
경계 근무 차례가 되면 장성으로 올라가요. 농부들은
병사들에게 농산물을 팔 수 있기 때문에 장성 옆에 사는
것을 좋아했어요. 농가와 마을의 집은 모두 기본적으로
ㅁ 자 형태로, '안마당'이 밖에서는 안 보이는 구조이지요.

일반 집의 지붕은 평범해요.
사원이나 만리장성 망루에서
볼 수 있는 잡상이 없지요.

지붕에는 처마를 길게 내요.
그러면 여름에 마당에
그늘이 생기지요.

조상 숭배
대부분의 중국 가정에는 제단이나
사당이 있었어요. 이곳에서 조상을
기리며 향을 피우고 제물을 올렸지요.
지금도 많은 중국인이 조상 숭배
전통을 지키고 있어요.

나무나 대나무로 만든
가축우리

당나귀의 도움
농부들은 무거운 짐을 실은
고리버들이나 짚으로 엮은
바구니를 당나귀 양옆에
동여매고 다녔어요. 지금도
당나귀는 자동차와 트럭이
갈 수 없는 만리장성 근처의
가파른 언덕에서 열심히
일하고 있어요.

외벽에는 창문이 없어서
집이 안전하고,
사생활도 보호받아요.

이것은 중간 크기의
당나귀 우리예요.
당나귀는 하루 종일
일하다가 여기 들어와야
푹 쉴 수 있지요.

"나는 목이 마르면 **우물을 판다.**

내가 먹을 것은 내가 키운다.

나는 생산물을 나눈다.

나랏님이 더 이상 해 주지 않기 때문이다."

- 중국 전통 속담 -

농장에서 가장 큰
자리를 차지하는 건
염소 우리예요.

물 항아리

가정에서는 빗물과 우물물과 강물을
도기 항아리에 모았어요. 안전을
위해 물은 대개 끓여 마셨어요.

항아리 주위에
고리가 달려 있어
어느 각도에서든
들어 올릴 수
있어요.

농사 도구

긴 멜대의 양쪽 끝에 바구니를
달아 어깨에 메고 다니는
이 도구는 수천 년 동안 중국
농부들이 땅에 뿌릴 씨앗을
나르는 데 썼어요. 햇볕을
가리는 간단한 밀짚모자도
꼭 필요하지요.

기와가 무거워서,
나무 기둥으로 지붕의
무게를 지탱해요.

중국인들은 용이 나쁜 것을
막아 주고 가정에 행복을
가져다준다고 믿어요.

농부들은 긴 손잡이가 달린
'숟가락'으로 씨앗을 떨어뜨려요.
허리를 구부리지 않아서 좋아요.

부엌은
안마당을 향해
나 있어요.

안전 문제 때문에,
이 농가에 들어가는
입구는 하나뿐이에요.

대부분은 거친 모직
담요를 썼지만, 살림이
넉넉한 사람들은 따스하고
포근한 비단 이불을 사거나
직접 만들기도 했어요.

담요

많은 마을 주민들은 양모사 같은 실을 베틀에
걸고 옷과 담요를 짰어요. 중국에서는 대부분
여자가 이 일을 했어요.

주전자에 뜨거운 물을
채워도 이 손잡이까지
뜨거워지지는 않아요.

작은 우리에는
돼지와 닭을 가두어
길러요.

치유의 음료

찻주전자는 중국 가정에서 가장 중요한
부엌살림 중 하나였어요. 차는 소화를 돕고
신경을 가라앉히며, 다양한 질병을 치료하는 데
도움이 된다고 생각했지요.

해적선

1717년 폭풍우가 몰아치던 어두운 밤, 해적선 한 척이 모래톱에 부딪혀 침몰하면서 대부분의 선원들과 모든 보물이 함께 사라졌어요. 불운에 휩쓸린 이 배는 바로 위다호였어요. 미국 대서양 연안에서 발견된 이 난파 지점은 최초로 밝혀진 해적선 침몰 지점이에요.

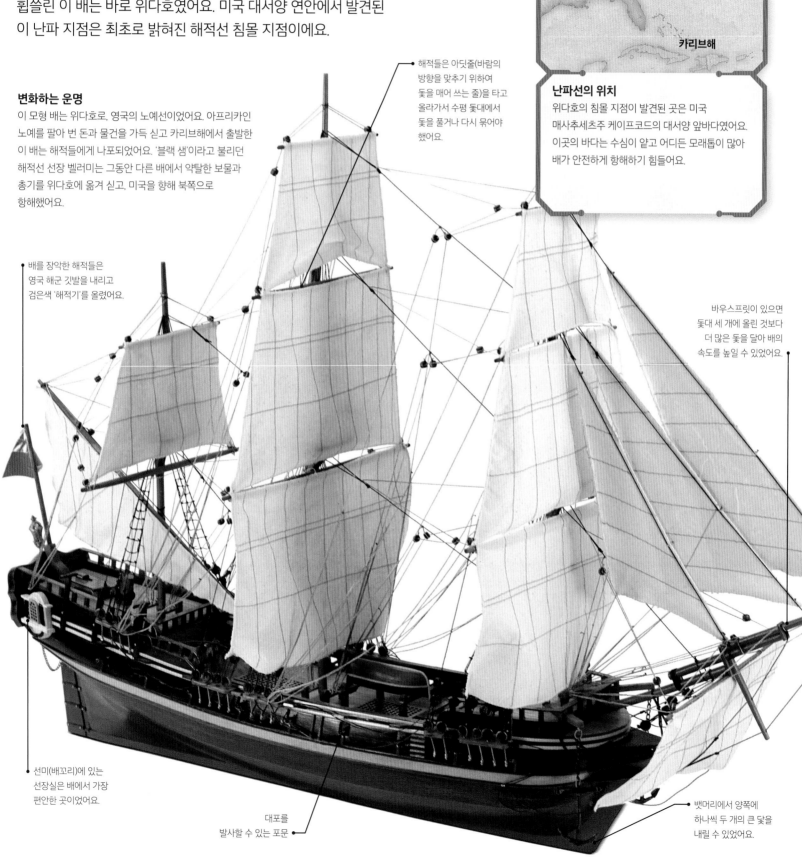

난파선의 위치
위다호의 침몰 지점이 발견된 곳은 미국 매사추세츠주 케이프코드의 대서양 앞바다였어요. 이곳의 바다는 수심이 얕고 어디든 모래톱이 많아 배가 안전하게 항해하기 힘들어요.

변화하는 운명
이 모형 배는 위다호로, 영국의 노예선이었어요. 아프리카인 노예를 팔아 번 돈과 물건을 가득 싣고 카리브해에서 출발한 이 배는 해적들에게 나포되었어요. '블랙 샘'이라고 불리던 해적선 선장 벨러미는 그동안 다른 배에서 약탈한 보물과 총기를 위다호에 옮겨 싣고, 미국을 향해 북쪽으로 항해했어요.

해적들은 아딧줄(바람의 방향을 맞추기 위하여 돛을 매어 쓰는 줄)을 타고 올라가서 수평 돛대에서 돛을 풀거나 다시 묶어야 했어요.

배를 장악한 해적들은 영국 해군 깃발을 내리고 검은색 '해적기'를 올렸어요.

바우스프릿이 있으면 돛대 세 개에 올린 것보다 더 많은 돛을 달아 배의 속도를 높일 수 있었어요.

선미(배꼬리)에 있는 선장실은 배에서 가장 편안한 곳이었어요.

대포를 발사할 수 있는 포문

뱃머리에서 양쪽에 하나씩 두 개의 큰 닻을 내릴 수 있었어요.

침몰 지점 표시

1717년, 위다호의 침몰 소식이 퍼지자, 매사추세츠 주지사는 사이프리안 사우택 선장을 보내 보물을 발견하면 건져 오라고 했어요. 사우택은 아무것도 건져 올리지 못했지만 침몰 위치를 알아내 지도에 표시했어요.

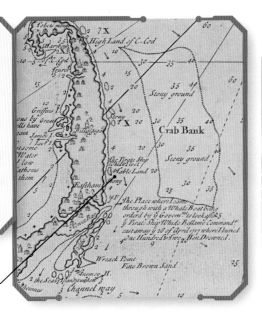

지도에는 배가 사라진 위치와 102명이 익사했다는 메모가 쓰여 있어요.

작업 중인 고고학자

지금도 잠수 팀들이 위다호 침몰 지점을 탐사하고 있어요. 발견된 것들은 모두 실험실로 옮겨져 전문 고고학자들이 꼼꼼하게 발굴하지요.

고고학자들은 유물이 손상되지 않도록 섬세하게 작업해요.

침몰 지점에서 발견된 이 구리 팔찌는 아프리카에서 노예를 살 때 화폐로 쓰였어요.

해적과 노예 무역

해적들은 종종 대서양 노예 무역을 하는 배들과 마주쳤어요. 아프리카인들을 노예로 데려다가 아메리카 대륙으로 팔아넘기는 배들이었지요. 많은 해적은 흑인이었어요. 이들은 노예 상태에서 벗어난 뒤 해적선의 선원이 되기도 했고, 자신이 잡혀 있던 노예선이 해적의 손아귀에 들어가서 해적이 되기도 했어요.

숨겨진 보물

바다 밑 모래에 묻힌 것들은 철이 물속의 염분과 반응할 때 생기는 단단한 덩어리로 둘러싸여 굳어져요. 안에 있는 물체를 보존하기 위해 민물 탱크에 담가 두었다가 나중에 수작업이나 화학적 방법으로 벗겨 내지요.

300년 넘게 숨겨져 있던 동전이 모습을 드러내요.

위다호의 종 위쪽에는 '위다 갤리 1716'이라고 새겨져 있어요.

보물찾기

잠수부인 배리 클리포드는 침몰에 대한 이야기와 1717년의 지도에 이끌려, 위다호를 찾아 나섰어요. 그는 15년간의 수색 끝에 1984년에 난파선을 발견했어요. 배는 썩어 없어졌지만 그는 동전과 총, 그리고 배의 종을 발견했어요. 종에 새겨진 글귀를 통해 난파선이 침몰한 위다호라는 것을 확인할 수 있었어요.

해적이 약탈한 황금

에스파냐 상선은 아메리카 대륙에서 유럽으로 금과 은을 운반하며 대서양을 끊임없이 건너다녔어요. 에스파냐 동전은 전 세계에서 화폐로 쓰였는데, 결국은 해적의 보물 창고 안에 들어가 버리고 말 때가 많았어요.

이 반지와 에스파냐 동전들이 위다호의 침몰 지점에서 발견되었어요.

배의 종은 청동으로 만들었어요. 30분마다 울리는 종 덕분에, 선원들은 망 보기 교대 시간을 알 수 있었지요.

1 꽉 잡아!
아딧줄 높이 매달린 선원들이
거센 바람에 이리저리 날려요.

2 목수
목수인 토머스 데이비스가
정신없이 배를 수리하고
있어요.

3 선장
벨러미 선장이 선원들에게
큰 소리로 명령하지만 폭풍우
때문에 잘 들리지 않아요.

4 키를 잡아라!
키잡이인 16세 소년 존
줄리안은 능숙한 선원이지만,
배의 항로를 유지하기가
힘겨워요.

5 뱃멀미
배가 계속 거세게 흔들리자
뱃멀미가 심해진 사람이 배의
옆면을 꽉 붙잡고 있어요.

6 배 밖으로 떨어진 소년
어린 해적인 존 킹이 배
밖으로 튕겨 나가고, 곧 무거운
대포마저 뒤를 이어요.

위험을 맞은 해적들

자정이 넘은 시각, 위다호는 거센 폭풍우에 휩싸였어요. 벨러미 선장과 선원들은 폭풍우에 맞서 미친 듯이 싸워 보지만, 비바람은 사납고 배의 짐은 무거웠지요. 드디어 끔찍한 순간이 닥치며 위다호는 물 아래 모래톱에 부딪혀 뒤집히기 시작해요. 위다호는 이렇게 마지막 모습을 보이고, 해적들은 두 명만 빼고 모두 배와 함께 가라앉게 될 운명을 맞지요.

선원들이 배의 돛을 잡아당기면서 버티느라 안간힘을 쓰고 있어요.

배에서의 생활

모든 뱃사람은 똑같은 대우를 받았지만 신선한 먹을거리를 구하기는 어려웠어요. 해적들은 잡은 것은 무엇이든 먹었고, 지나가는 배에서 빼앗기도 했어요. 위다호에는 난로도 있었고, 주전자는 매우 쓸모가 있었지요.

위다호의 찻주전자는 배가 침몰하기 전부터 찌그러져 있었을 거예요.

짐을 가득 실은 배

위다호는 침몰할 당시 짐을 가득 실은 상태였어요. 크고 무거운 철제 대포를 그득 실었으니, 배가 가라앉을 수밖에요. 배에 설치한 대포는 '함포'라고 불렀어요.

건져 올린 대포는 50문이 넘어요.

해적 스타일

대부분의 해적들은 바다에서 생활하기에 편하고 실용적인 옷을 입었어요. 그러나 다른 배를 약탈하다 보면 화려하게 장식한 고급 옷이 생기기도 했어요. 으쓱거리고 싶을 때면 그런 옷을 입기도 했지요.

꼬마 해적

모든 해적이 성인은 아니었어요. 존 킹은 9살 때쯤 어느 배를 탔다가 벨러미의 습격을 받자, 자기도 해적이 되기로 했어요. 그러나 해적으로 지낸 시간은 짧았어요. 난파 지점의 대포 아래에서 어린아이의 다리뼈와 비단 스타킹, 신발이 발견되었거든요.

존 킹의 멋진 가죽 신발 한 짝

난파 지점에서 발견된 금단추와 멋진 벨트 버클

> "나는 자유로운 왕자이며,
> 백 척의 배를 가진 자만큼이나
> 온 세상을 상대로 전쟁을 벌일 수 있는
> 힘이 있노라…."
>
> - 위다호의 샘 벨러미 선장 (1689-1717년) -

⑦ 무너진 대포
쌓여 있던 대포가 무너졌어요. 갑판 위를 굴러다니다가 물속으로 곤두박질치고 말지요

⑧ 떨어진 깃발
돛대가 뚝 꺾여 떨어지면서 해적기가 바닷속으로 풍덩 떨어져요.

신흥 도시

1859년, W. S. 보디라는 사람이 캘리포니아의 외딴 지역에서 금을 발견했어요. 보디는 자신이 발견한 것을 제대로 써먹기도 전에 눈보라 속에서 얼어 죽었지만, 금이 발견되었다는 소식은 널리 퍼졌어요. 사람들이 일자리를 찾아 이 지역으로 몰려들면서 보디라는 작은 도시가 생겨났지요. 보디는 1880년에 인구가 7,000명에 이를 정도로 엄청나게 성장했어요. 하지만 금이 바닥나자 거의 모든 사람이 떠나 버렸고, 오늘날 보디는 유령 도시가 되었어요.

미국 서부
보디는 캘리포니아주 모노 카운티의 시에라네바다산맥 해발 2,553미터에 자리 잡고 있어요. 이 지역은 먼지가 많고 건조하며, 여름에는 덥고 겨울에는 추워요.

스탠더드 밀
오늘날 보디에서 가장 큰 건물은 스탠더드 밀이에요. 광부들이 파낸 광물을 이 공장에 가지고 와서 금과 은을 추출했지요. 이 산업 공정은 환경에 큰 해를 입혔어요.

화재 진압
보디의 건물은 대부분 목재로 지어졌기 때문에 화재가 일어날까 봐 늘 걱정이었어요. 한때는 소방서가 네 곳이나 있었고, 소방 마차에는 수동으로 작동하는 물 펌프가 실려 있었지요.

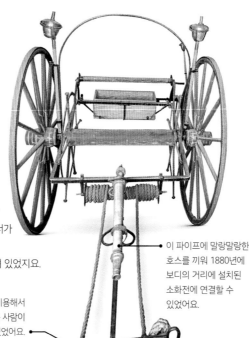

이 파이프에 말랑말랑한 호스를 끼워 1880년에 보디의 거리에 설치된 소화전에 연결할 수 있었어요.

이 T 자형 축을 이용해서 말이나 바를 잡고 있는 사람이 마차를 끌 수 있었어요.

보디의 감옥은 작았고 감방은 두 개뿐이었어요.

안전한 도시 만들기
보디에서 법 집행은 이 도시의 교도소장이자 치안관인 존 커건이 맡고 있었어요. 도시에서는 때때로 몸싸움, 총싸움, 칼부림이 일어났지만, 커건과 그의 부하들은 평화를 지키기 위해 몸을 아끼지 않았어요.

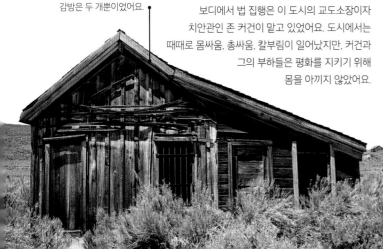

유령 도시
보디의 마지막 주민들은 1960년대에 가재도구를 남겨 두고 떠났어요. 그리고 그 현장은 오늘날까지 그 모습 그대로 보존되어 있어요. 어떤 집에서든, 그 어떤 물건도 건드리지 않고 그대로 두어야 한다는 뜻이에요.

과거 엿보기
1881년부터 사람들이 떠나면서 보디의 인구는 줄어들기 시작했어요. 1915년에는 대부분의 사람들이 떠났고, 1962년에는 황량해진 이 도시가 캘리포니아 주립 역사 공원으로 지정되었어요. 그 결과 오늘날까지 남아 있는 100여 채의 건물을 통해 이곳에 살았던 사람들의 삶을 들여다보며 상상의 나래를 펼 수 있게 되었지요.

1 데상보 호텔은 보디에 몇 채뿐인 벽돌 건물 중 하나예요. 1880년에 도시의 우체국 역할도 했어요.

2 가장 번화한 도로인 메인 스트리트는 좌우로 뻗어 있고, 이 교차로에서 위아래로 이어지는 그린 스트리트와 만나요.

3 이 건물은 한때 보디의 학교였어요. 1942년까지 학생들은 이곳에서 공부했지요. 지금도 안에는 예전에 쓰던 책상들이 나란히 놓여 있어요.

아시아에서 온 이민자
수백 명의 중국인이 보디의 '차이나타운' 지역에 살았어요. 많은 중국인들은 연료로 쓰이는 장작을 실은 노새 무리를 몰아 돈을 벌었어요. 이것을 노새 열차라고 해요.

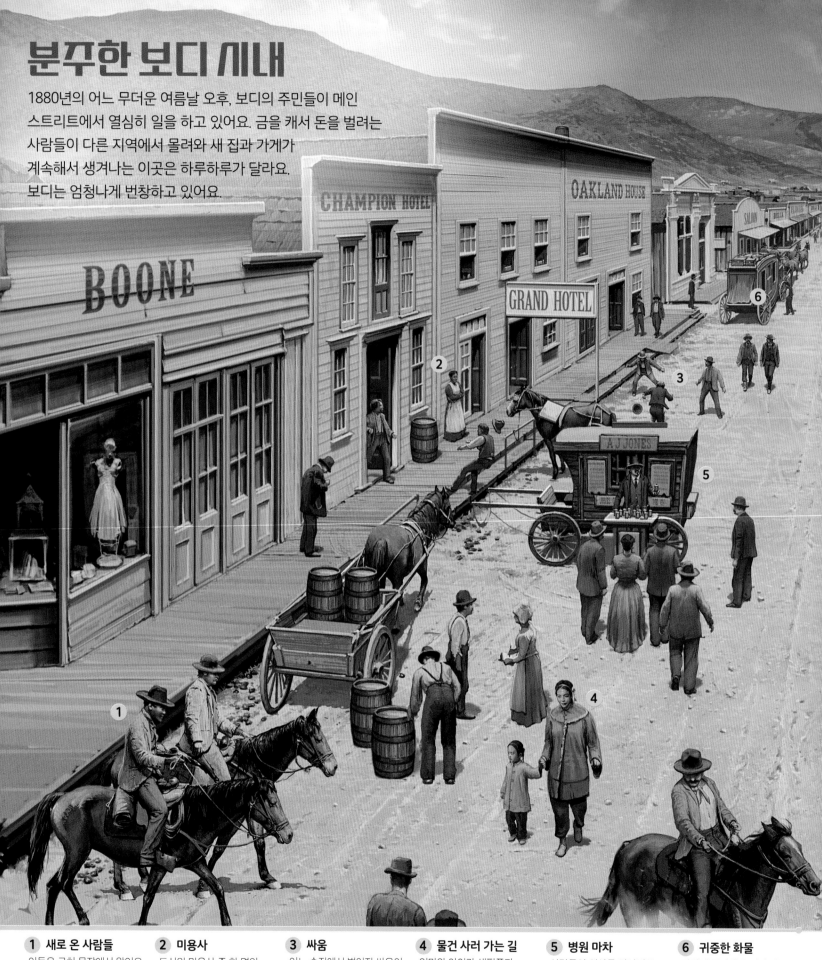

분주한 보디 시내

1880년의 어느 무더운 여름날 오후, 보디의 주민들이 메인 스트리트에서 열심히 일을 하고 있어요. 금을 캐서 돈을 벌려는 사람들이 다른 지역에서 몰려와 새 집과 가게가 계속해서 생겨나는 이곳은 하루하루가 달라요. 보디는 엄청나게 번창하고 있어요.

1 새로 온 사람들
이들은 근처 목장에서 왔어요. 말을 쉬게 할 마구간부터 찾아야 하지요.

2 미용사
도시의 미용사 중 한 명인 제인 카터가 손님들이 없는 틈에 잠시 쉬고 있어요.

3 싸움
어느 술집에서 벌어진 싸움이 거리로 번져 보안관 두 명이 출동했어요.

4 물건 사러 가는 길
엄마와 아이가 생필품과 장난감을 사러 분 잡화점에 가고 있어요.

5 병원 마차
사람들이 의사를 만나려고 병원 마차를 찾아왔어요. 진료를 마치면 이 마차는 다음 도시로 갈 거예요.

6 귀중한 화물
마차에 금괴와 은괴가 가득 실려 있어요. 무장 경비병이 마차를 지키지요.

7 보디에 불이 났다고?
보디 북쪽 끝에서 불이 났다는 신고를 받고 소방대원들이 출동하고 있어요.

8 쇄광기
광산에서 캐낸 광석을 처리하는 쇄광기에서 연기가 무럭무럭 피어올라요.

9 노새 열차
보디 근처에는 나무가 거의 없어서, 멀리까지 노새를 몰고 가서 장작을 실어 와야 해요.

10 잡았다!
학교 수업이 끝나고 집에 가던 두 아이가 거리에서 놀고 있어요.

11 화물 배달
엄청나게 큰 이 마차는 보디 밖에서부터 물건을 가져와요. 마차가 너무 무거워서 노새 16마리가 끌어야 해요.

12 어어, 진정해!
어린 말이 보디의 온갖 시끄러운 소리에 깜짝 놀라요. 위에 탄 사람은 말을 진정시키려고 애써요.

분 잡화점

잡화점은 어느 도시에서나 가장 중요한 상점 중 하나예요.
보디에는 여러 개의 잡화점이 있는데, 그중 메인 스트리트에
있는 분 잡화점이 가장 오래갔지요. 분 잡화점에서는
식료품, 옷, 장난감, 도구를 비롯한 온갖 것을 팔았어요.
이 모든 생필품은 보디 북쪽의 협곡을 가로지르는 도로를
따라 마차에 실려 이곳에 들어와요.

목 좋은 자리

분 잡화점은 보디의 메인
스트리트에서도 좋은 자리에
있었어요. 가게 이름은 1879년에
문을 연 가게 주인 하비 분의 이름을
딴 거예요. 분은 다른 상점도 여러 개
가지고 있었고, 보디에서 꽤 힘 있는
사람이었어요. 그는 유명한 탐험가
대니얼 분의 친척이기도 했죠.

질긴 옷

1873년 미국에서 발명된 청바지는
작업복으로 금방 인기를 얻었어요.
보디의 광부들은 대부분 리바이 스트라우스
박물관에 있는 1880년 무렵의 이 복제품과
같은 청바지를 입었을 거예요. 분 잡화점에서는
청바지뿐만 아니라 청바지를 만드는 데
필요한 원단인 데님도 팔았을 거예요.

부모님이 물건을 사느라
바쁜 사이에 아이는
갖고 싶은 인형을 발견했어요.

이 사람은 점원이 커피
원두 분쇄기를 돌리는 동안
기다리고 있어요.

장난감 북 같은 것은
특히 인기가 많았어요.
부모 말고 아이들한테만요!

이 인형은 조그만 공과
라켓을 들고 있어요.
테니스를 치기에는 너무
단정하게 입었군요.

재미와 게임

분 잡화점에 오는 아이들은 곧장 장난감 코너로 향했을 거예요.
볼링 게임을 하듯 갖고 놀 수 있는 알록달록한 구슬들은 장난감
무기만큼 인기가 많았어요. 아이들은 장난감 무기를 가지고,
15년 전에 끝난 미국 남북 전쟁의 군인 흉내를 내며 놀곤 했어요.

BODIE STANDARD-NEWS.

BODIE. CAL., THURSDAY, SEPTEMBER 30, 1880.

천장은 주석으로 덮고, 무늬가 있는
패널로 장식했어요.

위쪽 선반에 닿으려면
사다리를 타고 올라가야 해요.

꼼꼼히 다 읽어요
《보디 스탠더드 뉴스》는 보디의
6개 신문 중 하나였어요.
이 신문은 보디의 소식과 광고,
지역 상점 소식을 실었어요.
텔레비전이나 라디오가 없던
시절에는 최신 소식을 알려면
신문을 읽어야 하는 경우가
많았답니다.

운전석은 바깥에 있었어요.
마부는 안전을 위해
무장 경비원을 옆에
태우기도 했어요.

밀가루와 설탕 같은
상품들은 통에
담겨 있었어요.

약
많은 소도시에서 잡화점은
약국 역할도 했어요. 분
잡화점은 두통약, 꽃가루
알레르기 약, 소화제, 심지어
탈모 치료제까지 팔았어요.

이 도시에서 저 도시로
역마차는 보디를 더 넓은 세상과 연결해 주었어요. 역마차는 정류장에서
승객을 태우거나 내려 주고, 다른 도시로 데려다주었어요. 또한 마차들은
보디의 광산에서 채굴한 금괴와 은괴를 동전을 만들 수 있도록
화폐 주조소로 운반했지요.

챔피언 술집

보디의 광산과 공장에서 힘든 교대 근무를 마친 남자들은 도시에 있는 60여 개의 술집 중 한 곳을 찾아가 함께 어울리고, 사업 이야기를 나누고, 편히 쉬어요. 길고 좁은 술집 안은 담배 연기로 꽉 차 있어요. 여기서 사람들은 술을 마시고, 도박을 하고, 따뜻한 음식을 먹고, 때로는 문제를 일으키지요. 오늘 챔피언 술집에서는 카드 게임 결과를 놓고 말씨름을 하던 사람들이 본격적으로 치고받고 싸우려는 참이에요.

신나는 음악

많은 술집에서는 피아노를 들여놓고 매일 밤 공연을 열었어요. 피아노뿐 아니라 바이올린이나 기타도 등장하고 가수가 나올 때도 있었지요. 이 피아노는 보디의 마지막 술집 중 하나인 샘 레온 바에 지금도 놓여 있어요.

1 조용히 한잔하던 이 사람은, 카드 게임에서 속임수가 벌어지는 바람에 술집 안이 소란스러워지자 짜증이 나요.

위험한 보디

서부 개척지에서의 삶은 위험으로 가득 차 있었어요. 보디의 술집에서는 때때로 목숨을 위협하는 총격전이 벌어졌고, 광산에서는 자칫하면 죽을 수도 있는 위험한 일을 해야 했어요. 보디의 영구 마차는 죽은 사람들을 장례식장으로 실어 나르느라 매우 바빴어요.

2 카드 게임에서 누가 이 사람을 속이고 도망칠 수 있을까요? 너무 화가 나서 권총을 뽑았으니 말이에요!

딜러를 이겨라

파로는 서부에서 가장 인기 있는 카드 게임이었어요. 딜러의 카드에 자신의 카드를 맞춰야 하는 게임이었지요. 정신없이 빠르게 진행되는 이 게임은 '호랑이 잡기'라고도 불렸어요. 호랑이 디자인이 있는 인기 카드 상표를 딴 별명이었죠.

5 이 타구(가래나 침을 뱉는 그릇)는 손님들이 뱉은 끈적끈적한 담뱃진으로 가득해요.

실린더에는 총알이 7개 들어가요.

어떤 무기가 좋을까?

보디의 남자들은 대부분 리볼버 권총을 들고 다녔어요. 브리티시 불도그 권총같이 총열(총알이 발사되는 금속관 부분)이 짧은 권총이지요. 이 작은 총은 코트 주머니에 쏙 들어가기 때문에 숨기기도 쉽고 싸움이 일어나면 재빨리 뽑을 수 있었어요.

광부 연합 회관

3 광부들은 교대 근무가 끝나면 곧장 술집으로 달려오곤 했어요. 더러워진 옷을 갈아입을 겨를도 없었지요.

4 이 사람은 최근에 동부에서 온 파로(도박용 카드놀이) 딜러예요. 그는 카드놀이를 하는 사람들과 그의 돈을 날카롭게 감시하고 있어요.

6 바텐더는 카드를 둘러싼 다툼을 끝내려고 해요. 전에도 이런 경험이 있어서, 그는 바 뒤에 무기를 숨겨 두었어요.

보디의 광부 연합 회관은 시끄러운 술집에서 벗어나 동료와 만나고 이야기할 수 있는 장소였어요. 또한 광부들이 하루 4달러의 공정한 임금을 받을 권리를 위해 싸우고 승리하기 위해 애쓴 곳이기도 해요.

그때 그 시절의 상품들
유령 도시 보디에 있는 분 잡화점에는 선반마다 여전히 그때 그 시절의 상품이 가득 진열되어 있어요. 식료품과 술, 말먹이인 건초와 곡물, 심지어 치약까지, 다양한 제품을 팔았지요. 분 잡화점에 온 손님들은 방금 산 원두를 출입문 옆에 있는 커피 원두 분쇄기로 갈아 가져가서 향이 좋은 커피를 마실 수 있었어요.

타이태닉호

타이태닉호는 역사상 가장 크고, 가장 빠르고, 가장 호화로운 유람선이었어요. 뿐만 아니라 설계자들은 가장 안전한 배라며 자신만만해했지요. 하지만 1912년 4월 첫 항해에서 타이태닉호는 거대한 빙산에 부딪혔어요. 3시간 뒤, 배는 바다 밑바닥으로 가라앉았고 1,500명이 넘는 사람들이 목숨을 잃고 말았어요.

타이태닉호를 건조하다

1909년 3월 북아일랜드 벨파스트항의 할랜드 앤 울프 조선소에서 타이태닉호를 건조 (배를 설계하여 만드는 일)하기 시작했어요. 타이태닉호는 화이트 스타 라인에서 만드는 두 번째 '초대형선'으로, 앞서 타이태닉호의 자매선인 올림픽호 (사진 참조)가 완성됐지요. 이 배들은 너무 커서 특별히 제작된 부두에서 건조해야 했어요.

배 뒤쪽에 달린 거대한 청동 프로펠러 3개는 물살을 헤치고 나아가게 하는 동력을 공급해요.

난파 지점

타이태닉호는 1912년 4월 15일, 영국 사우샘프턴에서 미국 뉴욕으로 가던 중에 침몰했어요. 이 난파선은 캐나다 뉴펀들랜드 앞바다 깊이 3,800미터 지점에 가라앉아 있어요.

캐나다   대서양   영국
●타이태닉호
난파 지점
미국

바다가 보존한 잔해

100년이 넘은 지금도 타이태닉호의 잔해는 대부분 그대로 보존되어 있어요. 이 정도 깊은 곳은 너무 차갑고 수압도 무척 높아서 난파선에 해를 끼칠 만한 식물이나 물고기, 박테리아가 거의 살아남을 수 없답니다.

배의 철제 부분은 금속을 먹이로 삼는 미생물과 철 화합물이 혼합된 고드름 모양의 녹 '러스티클'로 뒤덮여 있어요.

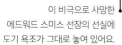

이 비극으로 사망한 에드워드 스미스 선장의 선실에 도기 욕조가 그대로 놓여 있어요.

노틸러스호에는 선원이 3명만 탈 수 있어요.

난파선 찾기

타이태닉호는 1985년에야 발견되었어요. 프랑스와 미국의 연합 탐험대가 보일러 중 하나를 찾아냈거든요. 얼마 후, 그들은 진흙 속에 파묻힌 배의 뱃머리를 발견했어요. 그 이후로 노틸러스호 같은 잠수정들이 깊은 바다에서 수백 개의 유물을 건져 올렸어요.

떠다니는 거인

타이태닉호는 정말 거대했어요. 갑판이 10개나 있었고 최대 3,547명의 승객과 승무원을 태울 수 있었거든요. 길이는 269미터로, 버스 22대가 나란히 이어진 것과 맞먹었지요. 짐을 가득 실으면 무게가 6만 7,000여 톤에 이르렀어요.

구명정 16척과 접이식 소형 요트 4척이 있었지만 승객을 모두 태우기엔 부족했어요.

배꼬리 쪽 굴뚝은 배를 멋지게 보이려는 전시용이었을 뿐, 실제로는 작동하지 않았어요.

바다 밑에 잠들다

타이태닉호의 뱃머리는 일부가 두터운 진흙 속에 묻힌 채, 바다 밑에 놓여 있어요. 약 600미터 떨어진 곳에는 배꼬리가 반대 방향을 바라보고 있지요. 침수된 객실들 때문에 무거워진 뱃머리는 배의 나머지 부분에서 떨어져 나와 먼저 가라앉았어요. 배에서 쏟아져 나온 물건들은 약 2제곱킬로미터 넓이에 흩어졌어요.

1 남자는 마지막에
승무원이 여자와 어린이를 구명정에
먼저 태우려고 애쓰고 있어요.

2 내 아기를 구해 주세요!
자신이 탈출할 가능성이 거의 없다는
것을 깨달은 어느 엄마가 아기를
구명정에 던져요.

3 구명정 내리기
승무원들이 대빗이라고 하는 작은
크레인에 달린 밧줄과 도르래를 이용해
구명정을 내려요.

4 구명정 15호
마지막으로 바다에 내려진 구명정 중
하나예요. 승객 약 70명을 무사히 안전한
곳으로 데려다주었지요.

5 구명정 13호
이 구명정 위로 떨어지려는 구명정
15호를 피해, 한 남자가 다급히 노를 젓고
있어요.

6 갑판의 의자
물에 빠진 사람들이 구명 뗏목으로
사용할 수 있도록 갑판의 의자를 던져
주고 있어요.

7 기묘한 빛
바다는 작은 해양 유기체들이 발산하는
녹색 인광으로 빛나고 있어요.

8 꺼지지 않는 조명
배에는 여전히 전기와 불이 들어오고
있어요. 모두 기술직 선원들 덕분이에요.

9 안전한 곳을 찾아 헤엄쳐요
승객들이 차가운 물에 풍덩 뛰어들어
구명정까지 헤엄쳐 가려고 해요.

10 가라앉는 뱃머리
뱃머리가 물속으로 가라앉자 승객들은
배꼬리 쪽으로 급히 뛰어가요.

11 도와줘요!
조난 신호가 폭죽같이 터지며
타이태닉호가 위험에 빠졌다는 것을
주변에 있는 배들에게 알리고 있어요.

순식간의 침몰

1912년 4월 15일 자정 직전에 타이태닉호가 빙산에 부딪히자,
선체에 여러 개의 구멍이 뚫렸어요. 몇 분도 지나지 않아
배의 일부분에 물이 쏟아져 들어오며, 배의 앞부분은 아래로
곤두박질치게 되었지요. 공포에 휩싸인 승객들이 구명정을 타려고
허둥지둥 뛰었고, 승무원들은 필사적으로 승객들이 배에서 내릴 수
있게 도와주는 한편, 조난 신호를 보냈어요. 그러나 저주받은
이 배는 2시간도 지나지 않아 바다 밑바닥에 가라앉고 말았지요.

보물 같은 악기

이 바이올린은 가방에 담긴 채로,
침몰되었다가 건져 올려졌어요. 타이태닉호의
악단장인 월리스 헨리 하틀리의 것인데,
악기만 남고 주인은 살아남지 못했지요.
구명정에 타려는 사람들의 기분을 북돋아
주려고 악단은 배가 침몰하는 동안 즐거운
곡을 연주했다고 해요.

일등석 승객들의 공간

배를 만든 회사는 타이태닉호를 역사상 가장
호화로운 원양 여객선으로 만들기 위해 비용을
아끼지 않았어요. 그래서 일등석 승객들은 배가
가라앉기 시작했을 때에도 안전할 거라고 잘못
생각했을지 몰라요. 많은 승객이 배 안이 더 안전할
거라고 여겼고, 추운 곳에서 구명정 기다리기를
거부했어요. 그러나 상황이 매우 위험하다는 게
분명해지자 공포가 밀려왔고, 승객들은 황급히
소지품을 챙겨 구명정이 있는 갑판으로 달려갔어요.

특별한 경험

일등석 승객들은 다채로운 식당, 카페,
바를 이용할 수 있었어요. 일품요리는
그 어디서도 볼 수 없는 것이었죠. 추가
비용을 내면 우아한 은식기와 도자기에
담긴 프랑스 요리를 즐길 수 있었어요.
이 사진에 그런 식기와 타이태닉호의
메뉴가 보여요.

1 이 승무원은
공포에 질린 승객들을
구명정 갑판으로
안내하고 있어요.

화이트 스타 브랜드가
새겨진 이 은식기는
타이태닉호의 자매선들
(올림픽호, 브리타닉호)
에서 가져온 거예요.

2 배에 타고 있는 게
안전하다고 생각하며 대피를
거부하는 승객들도 있어요.

3 이 남자는 아내와 딸을
애타게 찾고 있어요.

4 승객들이 금고에 안전하게 보관되어 있던
귀중품을 찾기 위해 사무장의 사무실에 줄을 서
있어요. 찾아가지 못한 물건은 모두 바다 밑으로
가라앉게 될 거예요.

갑판 산책

가장 위의 갑판 네 곳은 대부분 일등석 승객만 출입할 수 있었어요. 'A' 갑판에서는 승객들이 야외 산책로를 따라 산들거리는 바닷바람을 즐길 수 있었어요. 지붕이 덮인 통로들도 있어서, 날씨가 좋지 않을 때도 산책할 수 있었지요.

유리 돔을 통해 자연광이 중앙 계단으로 환하게 쏟아져요.

5 일등석 승객을 아래층 갑판에서 산책로로 실어다 주는 엘리베이터는 곧 물에 잠길 거예요.

중앙 계단

타이태닉호의 중앙 계단은 배의 중심이 되는 곳이었어요. 일등석 산책로 갑판에서 'D' 갑판의 식당까지 이어져 있었지요. 단단한 참나무 패널, 황동 장식품, 크리스털 조명으로 화려하게 장식된 이 계단 위에는 유리와 연철로 만든 거대한 둥근 돔이 덮여 있었어요.

6 웨이터들은 배에 남기로 결정한 승객들에게 음료를 계속 가져다주고 있어요.

일등석 승객

일등석에서 여행하는 승객들은 다른 승객들보다 재난에서 살아남을 확률이 더 높았어요. 일등석 승객 중 사망한 사람은 30퍼센트였지만, 그 외의 승객들과 승무원은 약 66퍼센트가 목숨을 잃었어요.

더프-고든 부인은 다른 11명과 함께 구명정 1호를 타고 탈출했어요. 배에는 40명이 탈 수 있는 공간이 있었는데도 말이죠!

시간과의 싸움

타이태닉호가 빙산에 부딪힌 직후, 배가 침몰할 것이 분명했어요.
이제 어떻게 해서든 엔진과 조명을 되도록 오래 작동시켜 많은 사람들을
구명정에 태워야 했지요. 보일러실에 차례차례 물이 차오르는 상황에서
화부들과 기술자들은 배가 계속 나아갈 수 있도록 사투를 벌였어요.

불을 계속 살려라!

타이태닉호는 석탄을 때서
나오는 증기로 엔진을
돌렸어요. 기관실 화부인
289명의 '검은 갱'들은
엔진이 전속력으로 돌아갈
수 있도록 29개의 거대한
보일러에 쉬지 않고 석탄을
퍼 넣었어요.

각 보일러실마다 14명이 한 팀으로
배치되어, 2분마다 모든 보일러에
1톤의 석탄을 퍼 넣었어요.

첫 번째 발견

1985년, 타이태닉호 탐사대가
난파선을 찾지 못한 채 탐색
작업을 마치려는데, 해저에서
보내오는 영상 자료에 거대한
물체가 나타났어요. 배의
보일러 중 하나였지요! 73년
만에 타이태닉호가 마침내
발견된 거예요.

보일러는 위를 향하고
있었고, 둥근 용광로 문이
선명하게 보였어요.

1 타이태닉호에는 이 거대한 보일러
29개가 6개의 보일러실에 나뉘어
설치되어 있었어요.

2 보일러의 양쪽 끝에는 3개의 석탄
용광로가 있어요.

침몰하는 배

타이태닉호는 방수 격벽(칸막이벽)으로 구역이 나누어져
있어서, 이론적으로는 침몰할 수 없다고 여겨졌어요.
2개 구역이 침수되더라도 배는 계속 떠 있을 수 있었어요.
하지만 빙산 때문에 배에 구멍이 나자 물이 4개
구역으로 쏟아져 들어왔고, 곧 5번 구역으로
밀려갔어요. 타이태닉호는 이 엄청난 물을
감당할 수 없었어요.

타이태닉호는 구역들 사이에
방수 격벽을 설치했어요.

격벽의 높이는 수면 위
3미터까지라서, 배가 앞으로
기울어지면서 물이 격벽을 넘어
더 많은 구역으로 넘쳐 들어왔어요.

처음에 네 구역에
차오른 물은
문을 채 닫기 전에
5번 구역으로
쏟아졌어요.

"[바닥에서] 61센티미터 위로
물이 밀려 들어왔고,
배의 **옆면은**
세 번째 [보일러실]에서부터
앞쪽 끝까지 **찢겨 나갔습니다.**"

– 프레더릭 윌리엄 배럿, 화부장 –

프레더릭 배럿

화부장인 프레더릭 배럿은
배가 빙산에 부딪혔을 때
6번 보일러실에서 근무
중이었어요. 그가 구명정
13호를 타고 탈출하던 중,
15호 구명정이 바로 위에서
내려와 깔릴 뻔한 것을 막아
많은 생명을 구했어요.

3 바닥에서 스며드는 물은 매우 위험해요.
보일러가 물에 잠기면 엄청난 증기가 쏟아져 나와
폭발할 수도 있거든요.

4 화부들은 혹시라도 보일러가
폭발하지 않도록 재빨리 화력을 줄이고
보일러에서 발생하는 증기를 배출해야 해요.

5 팀을 책임지는 기술자가
갑판에 있는 선장에게
상황을 보고하고 있어요.

깊은 바닷속
잠수정 미르호가 타이태닉호의 뱃머리에 접근한 곳은
해저 약 3,800미터였어요. 미르호에는 3명이 탈 수
있지만, 2명은 누워야 할 정도로 비좁아요. 미르호는
타이태닉호의 구석구석을 탐색할 수 있는 소형 로봇
잠수정과 연결되어 있어요.

제1차 세계 대전

유럽에서 제1차 세계 대전(1914~1918년)이 일어나자, 양측은
진지를 방어하기 위해 참호를 건설했어요. 영국과 프랑스가
이끄는 연합국이나 독일이 이끄는 동맹국 어느 쪽도 상대에게
결정적인 타격을 입힐 수 없었지요. 1917년 일어난 메신 전투는
독일군 참호 아래에 설치한 지하 지뢰를 이용한 연합군의
대규모 공격이었어요. 오늘날 고고학자들은 전선을 돌파하기
위해 치렀던 그 격렬한 전투가 남긴 군복, 무기 등의 증거를
계속해서 찾고 있어요.

전투 작전
메신 능선은 독일군이 점령한 벨기에의 프랑스
국경과 가까운 80미터 높이의 언덕을 말해요.
연합군은 독일군의 전선을 뚫고 벨기에 해안선을
점령할 계획을 세웠지요.

잊지 못할 기억
메신 전투에서 포탄의 폭발로 생긴
웅덩이들이 아직도 남아 있어요. 가장
큰 웅덩이는 스판브로크몰렌에서 폭탄
4만 823킬로그램이 터지면서 생겼어요.
지금은 이곳을 '평화의 웅덩이'라고
불러요.

모형 나무
연합군 병사들은 적에 대한 정보를 모으기 위해
여러 가지 방법을 사용했어요. 오스트레일리아군이
사용한 이 모형 나무도 그중 하나였지요. 금속과
질긴 천으로 만든 이 나무 안에 병사가 숨어
쌍안경으로 독일군을 엿보았어요.

이 '나무'는 총을 맞고
폭격을 당한 것같이
보이게 만들었어요.

모형 나무 안은
매우 비좁고
움직이기 불편했어요.

이동식 무기
연합군은 공격할 때 강력한 대포인 곡사포로
수천 발의 포탄을 발사했어요. 야포라고도
하는데, 메신에는 바퀴가 달린 이 작은
곡사포가 108문, 큰 곡사포는
214문이 있었어요.

병사들은 전장에서 가장 필요한 곳으로
바퀴를 굴려 대포를 옮길 수 있었어요.

참호의 형태
참호는 직선이 아닌 지그재그
모양으로 팠어요. 직선으로 만들면
참호 안으로 들어온 적군이 전체를
단번에 무너뜨릴 위험이 있었거든요.

방어선
메신에서 연합군은 16킬로미터 전선을 따라 공격했지만,
가장 치열한 전투는 메신 능선이라고 불리는 길고 낮은
언덕에서 벌어졌어요. 오늘날 이 지역은 전쟁 전과
마찬가지로 대부분 농토지만, 땅 주인이 고고학자들의
발굴을 허용한 곳들도 있어요. 이 모형 참호는 그 근처에
만들어진 거예요.

지지 구조
참호 벽은 흙을 쌓아 세웠기 때문에 가끔
무너지기도 했어요. 그래서 나무판자,
고리버들 가지, 또는 골진 철판(골함석)을
대서 튼튼하게 보강했지요.

널판
참호 바닥에는 병사들의 발이 덜 젖도록
나무 널판을 깔아 놓았어요. 진창과 물속에
너무 오래 서 있던 병사들은 발이 썩는
질병인 참호족염에 시달렸어요.

추가 화력
독일군 참호에는 적의 공격에 맞서
발사할 수 있게 기관총을 설치한 콘크리트
사격 진지가 있었어요. 정사각형 모양의
이 진지에는 앞쪽에 구멍이 있어
그 사이로 기관총을 발사했지요.

메신 참호

1917년 6월 7일 새벽 3시 10분, 연합군 공병들이 땅굴을 파고 설치한 19개의 거대한 지뢰가 메신 능선을 방어하던 독일군 병사들의 발밑에서 폭발하고 포탄이 비 오듯 쏟아졌어요. 동시에 연합군의 전차와 군대는 독일군을 밀어내기 위해 독일 참호를 공격하기 시작했답니다.

1 연합군
영국, 아일랜드, 오스트레일리아, 뉴질랜드의 군대가 독일군 전선을 공격해요.

2 전장
양측 참호 사이, 포탄이 만든 구덩이와 불탄 나무가 있는 진창이 펼쳐진 곳을 '무인 지대'라고 불러요.

3 강력한 무기
중포는 독일군의 참호를 향해 27킬로그램의 포탄을 발사하여 포병대를 무너뜨려요.

4 방탄
적의 참호를 향해 느릿느릿 움직이는 영국 전차 마크 4에서 총알이 튕겨 나가요.

5 총검 장착!
연합군 병사들이 참호로 뛰어내리며 적과의 백병전을 준비해요.

6 조명탄 터뜨리기
조명탄의 환한 불꽃이 밤하늘을 밝히고 있어요. 다가오는 적군을 발견하는 데 도움이 되지요.

7 독일군의 기술
독일군의 참호는 모래주머니, 튼튼한 벽, 대피소, 사격할 때 딛고 올라서는 발판을 갖추었어요.

8 기습 공격
공격이 시작되었을 때 이 병사들은 느긋하게 쉬고 있었어요. 얼른 제자리로 가야 해요!

9 통신
병사들은 유선으로 연결된 '야전 전화'로 사령부와 연락했어요. 가끔 전화선이 끊어지기도 했어요.

10 공중전
높은 하늘에서 연합군의 S.E.5a기와 솝위드 삼엽기가 독일의 알바트로스 D.III와 전투를 벌여요.

11 쾅!
참호 깊은 곳의 땅굴에 설치된 지뢰가 폭발해요.

전선 생활

참호에서의 일상은 매우 지루하거나 무척 위험해요. 참호 벽을 따라 늘어선,
동굴같이 움푹한 대피호는 많은 독일 병사들이 전투 사이에 휴식을 취할
수 있는 안전한 공간이에요. 한편 땅 위에서는 병사들이 적의 공격에 맞서
콘크리트 사격 진지 안에 숨긴 기관총을 위협적으로 쏘아 대지요.

대피호
참호 벽을 파서 움푹하게 만든 대피호는 폭탄을 피해
숨거나, 공격이 없는 시간에 쉴 수 있는 곳이에요.
독일군 대피호는 연합군 대피호보다 더 깊고 더 튼튼해서
지내기 좋았어요.

연합군과 독일군 모두 총격과 포탄 폭발에서
살아남기 위해 수백만 개의 모래주머니가
필요했어요. 모래주머니의 무게는 개당
약 18킬로그램이에요.

카드놀이
지루한 시간을 견디는 방법
중 하나는 카드놀이였어요.
장난감 제조업체들은 이
스위스 세트같이 군대
그림들을 넣은 군인용
카드를 만들었어요.

적이 언제 갑자기 공격할지
모르기 때문에 병사들은 틈틈이
쉬거나 커피를 마시거나
낮잠을 자 두어야 했어요.

편안한 집
어떤 독일군들은 '사치스러운'
대피호를 지었어요. 꽤
아늑하고, 문 앞에는 '즐거운
우리 집'이라는 팻말까지 달아
놓았지요. 지하 2층, 심지어
3층까지 파 놓은 곳들도
있었어요.

병사들은 작은 화로 위에
양철통을 얹어 물을 끓이거나
요리를 했어요.

병사들은 고향과
오가는 편지를 읽으며
사랑하는 사람들을
떠올리곤 했지요.

쥐
참호 안에는 병사보다 쥐가 더 많았어요. 쥐들은
먹을 것을 훔치고 질병을 퍼뜨렸지요. 연합군과
동맹군 모두 이 설치류 침입자를 잡기 위해 개, 특히
테리어를 길렀어요.

속사포

MG08 기관총은 독일군의 주력 기관총이었어요. 1분에 400발을 2킬로미터 거리까지 발사할 수 있었지요. 탄약은 각각 250발의 탄환이 들어 있는 탄약띠를 통해 총에 공급되었어요.

MG08은 방아쇠를 당기고만 있으면 계속 발사되는 자동식 총이에요.

이 구멍에 핀을 꽂아 총의 각도를 위아래로 조절할 수 있었어요.

철모

'슈탈헬름'은 제1차 세계 대전과 제2차 세계 대전에서 독일군이 사용한 철모예요. 옆에는 통풍 구멍이 있어요. 겨울에는 병사들이 이 구멍을 진흙이나 천 조각으로 막아 차가운 공기를 막았어요.

"참호전은 **가장 피비린내 나고, 가장 거칠고, 가장 잔인한 전투이다…** 자비 따위는 없고, 돌아갈 곳도 없다…"**

— 에른스트 윙거, 독일 장교(1895-1998년) —

사격 진지

적군은 사격 진지 공격을 매우 겁냈어요. 높은 위치에서 쉴 새 없이 날아오는 총알에 목숨을 잃기 쉬웠지요. 하지만 사격 진지도 폭탄과 총알에 취약하긴 마찬가지였어요.

병사들이 쌍안경으로 적이 다가오는지 감시해요.

병사들은 예비 탄약이 든 탄약띠를 차고 다녀요.

독일군의 긴 군화는 행군용이라고 해요.

권총

총신이 긴 이 권총은 루거라고 해요. 독일 포병 장교들이 소총 대신 가지고 다니곤 했어요.

나무 상자와 금속 상자는 탄약의 손상을 막고 건조하게 유지해 주었어요.

이 병사는 총알이 멈추지 않고 발사될 수 있게 재빨리 탄약을 장전하는 임무를 맡았어요.

무시무시한 쩐차

독일군은 마크 4 전차가 자신들을 향해 으르렁대며 다가오는 모습에 두려워 떨었을 게 분명해요. 특히 그들이 쏜 소총의 총알이 전차의 장갑에서 튕겨 나오고, 느리지만 멈추지 않고 다가오는 그 전차에서 강력한 포탄이 발사될 때 말이지요. 하지만 마크 4는 무적이 아니었어요. 전차는 두꺼운 진흙과 가파른 경사면을 독일 미사일의 공격만큼이나 힘겨워했고, 전차 안에 있으면 너무도 덥고 땀이 나며 불편하고 위험했거든요.

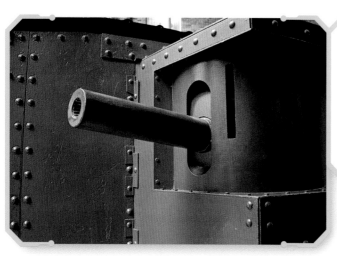

6파운드 포
마크 4 전차는 두 종류였어요. 하나는 양쪽에 6파운드(약 2.7킬로그램)짜리 포탄을 발사하는 대포가 있었어요. 다른 하나는 양쪽에 기관총 2대가 있는 것으로, 보병 부대와의 백병전에 효과적이었지요.

지붕에 하나 있는 출입구로 전차 조종수, 전차장, 측면 포수 2명, 탄약수 2명, 브레이크 조종수 2명 등 승무원 8명이 탔어요.

이 전차에 설치된 105마력짜리 다임러 엔진의 최고 속도는 시속 5.95킬로미터 정도였어요.

전차 옆면의 돌출부를 측면 포탑이라고 했어요. 목표물을 더 쉽게 찾을 수 있도록 포를 회전시키는 장치예요.

"우리가 **쩐차** 같은 이런 **무기**를 **고안**해 냈다는 사실에 독일군은 그야말로 **경악**했다."

– 몬티 클리브, 영국 포병 장교 (1894-1993년) –

무거운 탄약
마크 4 전차는 6파운드 포에 약 300발의 포탄을 장전했어요. 포탄은 7킬로미터 넘는 거리까지 날아갈 수 있었고, 포탄 한 발의 길이는 48센티미터, 지름은 7.6센티미터였어요.

마크 4의 장갑 두께는 12밀리미터였어요. 그래서 탄알을 튕겨 낼 수 있었지만, 강한 포격을 받으면 앞으로 나아가기 힘들었어요.

페달을 밟아

전차의 전차장과 조종수는 전차 앞쪽에 앉았어요. 전차장은 페달로 전차의 속도를 제어하고 조종수는 레버로 무한궤도(캐터필러) 2개 중 하나를 세워 전차의 방향을 틀었어요.

마크 4의 전차장은 루이스 기관총이나 호치키스 기관총 같은 앞쪽에 있는 무기를 맡았어요.

리틀 윌리

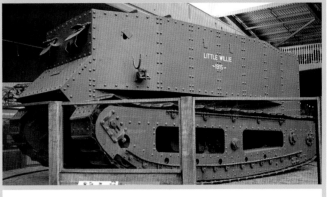

세계 최초의 전차는 영국 육군이 아니라 해군이 설계했고, 처음에는 '랜드십(육지의 배)' 또는 '랜드 캐터필러(육지의 애벌레)'라고 불렸어요. 1915년에 완성되자 '리틀 윌리'라는 별명이 붙었죠. 설계를 몇 번 바꾼 뒤, 마크 4로 모양과 크기가 진화되었기 때문에, 지금까지 제작된 리틀 윌리는 이것 하나뿐이에요.

마크 4는 메신에서 처음 등장한 뒤 1,200대가 더 제작되었어요. 마크 4는 제1차 세계 대전에서 가장 많은 전투를 치른 전차였지요.

진흙탕에 갇히다

전차가 진흙탕에 갇히면 승무원들은 긴 직사각형 나무와 금속으로 만든 기둥을 전차 무한궤도 앞쪽에 연결해야 했어요. 이렇게 하면 바닥이 단단해져서, 전차가 움직이며 빠져나올 수 있었지요.

마크 4는 길이가 8미터로, 버스만큼 길었어요. 폭은 4.11미터, 높이는 2.43미터였어요.

다국적 군대
사진 속 군인들은 아프리카에서 유럽까지 와서 제1차
세계 대전에 참전하게 된 프랑스군 병사들이에요. 전쟁이
터지자 프랑스와 영국은 해외 식민지 사람들까지
소집했어요. 아프리카에서 약 250만 명, 인도에서 150만
명이 전쟁에 참가했지요.

용어 설명

고고학자
유적지를 발굴해서, 발견된 물건과 유골을 연구하여 그 유적지의 역사를 밝히는 사람.

고딕
12세기부터 중세 유럽에서 유행한 건축 양식. 높이 솟은 첨탑과 뾰족한 아치가 특징이에요. 이 시대의 종교 예술을 가리키기도 해요.

공성전
성이나 요새를 빼앗기 위하여 벌이는 싸움.

공중전
특히 제1차 세계 대전과 제2차 세계 대전에서 전투기끼리 공중에서 가까이 붙어 싸우는 것.

귀족
높은 가문이나 신분 출신으로, 농민이나 상인보다 더 많은 권리와 특권을 가진 사람.

금속기 시대
청동기 시대와 철기 시대.

기원전(BCE)
예수가 태어난 해를 기준으로 해서, 그 이전 시대.

기원후(CE)
예수가 태어난 해를 기준으로 해서, 그 이후 시대.

기초
건물, 다리 따위와 같은 구조물의 무게를 받치기 위하여 만든 밑받침.

내전
같은 나라에서 사는 사람들끼리 싸우는 전쟁.

노예 무역
사람을 상품처럼 사고파는 무역. 노예가 된 사람들은 권리가 전혀 없고, 일을 해도 돈을 받지 못해요.

농부
땅에서 일하는 일꾼. 대체로 농업에 종사하는 노동자예요.

대포
화약의 힘으로 포탄을 멀리까지 쏘는 무기.

도시 국가
(고대와 중세에) 독립적인 정부를 가진 도시와 그 주변 영토.

망루
적이나 주위의 동정을 살피기 위하여 높이 지은 다락집.

맹그로브
열대 지방의 바닷가나 강 하구의 얕은 물에서 자라는 나무. 땅 위로 뿌리가 자라 호흡해요.

모르타르
시멘트와 모래를 섞어 물로 반죽한 것. 얼마 지나면 물기가 없어지고 단단하게 되는데, 주로 벽돌이나 석재 따위를 쌓는 데 쓰여요.

모자이크
작은 유리, 돌 또는 타일 조각을 배열해서 그림이나 무늬를 만드는 장식이나 기법.

목장
일정한 시설을 갖추어 소나 말, 양 따위를 놓아기르는 곳.

묘실
시체가 안치되어 있는 무덤 속의 방.

무슬림
이슬람교를 믿는 사람.

문신
살갗을 바늘로 찔러 먹물이나 물감으로 글씨, 그림, 무늬 따위를 새기는 것.

무굴 왕조
1526년부터 19세기 중반까지 인도 대부분의 지역을 다스린 이슬람 왕조.

문화
한 사회가 공유하는 관습, 신념, 행동 양식.

미라
썩지 않고 원래 상태 가까운 모습으로 보존된 시신. 시신이 특정한 조건에 노출되면 자연적으로 생기기도 해요.

박테리아
우리 주변에서 살아가는 매우 미세한 생명체. 질병과 감염을 일으키기도 해요.

발굴
고고학에서 건물, 사람, 유물 등의 유적을 찾기 위해 체계적으로 어느 지역을 파헤치는 일.

발라드
중세 유럽에서 형성된 정형시의 하나. 자유로운 형식의 짧은 서사시예요.

백병전
칼이나 창, 총과 같은 무기를 가지고 적과 직접 몸으로 맞붙어서 싸우는 전투.

법의학
범죄를 해결하기 위해 의학을 바탕으로 연구하는 분야.

보병 부대
걸어다니며 싸우는 병사들로 이루어진 부대.

부검
사망 원인을 알아내기 위해 병리학 전공자가 시체를 해부해서 하는 검사.

부적
악령이나 질병 또는 위험을 막아 준다고 믿어지는 작은 물건.

비단길
중국과 서아시아·유럽을 연결했던 고대의 무역로. 가장 비싼 교역품인 비단에서 이름을 땄어요.

빙하
육지에서 크고 느리게 움직이는 얼음 덩어리. 산의 계곡을 따라 내려오기도 해요.

사령부
전장에서 군 지휘관들이 머물며 작전을 짜고 지휘하던 곳.

사원
종교적 예배나 의식을 치르기 위한 건물.

사회
공동체에서 함께 살거나 그곳에 속한 사람들의 집단.

상인
상품을 사고파는 사람.

성경
종교상 신앙의 최고 법전이 되는 책.

성역
사원이나 교회와 같이 거룩하거나 신성한 곳. 사람들이 보호받을 수 있는 피난처 역할을 하기도 해요.

수로
물이 흐르거나 물을 보내는 통로.

수입
다른 나라에서 상품과 서비스를 구입하는 것.

순례자
종교적인 목적으로 성지를 여행하는 사람.

술탄
이슬람교를 믿는 사람들이 다스리는 나라나 지역의 왕.

스키타이인
고대 페르시아 북쪽의 유서 깊은 초원 지역인 스키타이 출신의 사람.

시민
도시 또는 주나 국가와 같은 더 큰 공동체에 속해 있으며 특정 권리를 가진 사람.

식민지
정치적, 경제적으로 다른 나라의 통제를 받는 지역.

신
신성하거나 성스러운 것으로 여겨지는 자연적 혹은 초자연적 존재.

신석기 시대
구석기 시대의 다음 시대로, 개량된 석기 무기가 만들어지고 농사를 최초로 짓기 시작했어요.

신전
신의 거처로 만들어진 종교 건축물.

암각화
바위에 새긴 조각이나 그림.

앵글로색슨족
5세기부터 영국에 살았으며 1066년 노르만 정복 때까지 영국 대부분의 지역을 지배한 사람들.

엄니
크고 날카롭게 발달한 포유류의 이. 코끼리의 엄니는 앞니가 발달한 거예요.

연합국/연합군
함께 협력하는 사람이나 나라. 제1차 세계 대전과 제2차 세계 대전에서 연합국은 독일 등을 상대로 연합하여 맞서 싸운 나라들을 뜻해요. 연합국의 군대를 연합군이라고 해요.

영주
중세 유럽의 봉건 사회에서 농민을 보호하고 지배했던 권력자.

영토
지리적으로 한 정부가 다스리는 영역.

왕국
왕이나 여왕이 통치하는 나라나 지역.

왕조
대대로 한 나라를 다스리는 가문.

요새
공격을 막아 내고 그 안에 있는 사람들을 보호하도록 설계된 튼튼한 건물이나 시설.

움집
땅을 파고 기둥을 세운 뒤 풀이나 갈대, 짚 등을 덮어 만든 집.

윈치
밧줄이나 쇠사슬로 무거운 물건을 들어 올리거나 내리는 기계.

유물
선대의 인류가 후대에 남긴 물건.

이민자
한 나라를 떠나 다른 나라로 터를 옮긴 사람.

장인
손으로 물건을 생산하는 뛰어난 기술자.

정부
한 국가를 통치하는 사람들의 집단. 늘 그렇지는 않지만 보통은 선거를 통해 뽑혀요.

정자
실용성은 낮고 장식적인 면이 두드러진 작은 건물. 벽이 따로 없이 기둥 위에 지붕을 얹은 경우가 많아요.

정착민
한 지역이나 나라에서 다른 지역이나 나라로 터를 옮겨 사는 사람들. 옮긴 땅에 이미 원주민이 살고 있는 경우가 많아요.

정착지
사람들이 터를 잡고 집을 지어 사는 곳.

제국
하나의 정부나 개인이 다스리는 땅이나 민족 집단.

제련
금속이 들어 있는 암석인 광석에서 금속을 추출하는 공정.

조상
나보다 훨씬 이전에 살았고, 거슬러 올라가면 나와 핏줄이 닿는 사람.

종자
남에게 종속되어 따라다니는 사람.

주
한 나라나 제국의 일부로, 주 자체가 독립적인 지배권을 가진 경우가 많아요.

주형
만들려는 물건의 모양대로 속이 비어 있는 틀.

중세
고대에 이어지는 시기로, 유럽 역사에서는 5세기부터 15세기 사이의 시기.

채석장
암석과 광물을 땅에서 파내거나 잘라 내는 곳.

초소
보초를 서는 장소.

카라반
낙타와 같은 동물에 짐을 싣고 먼 곳으로 다니며 물건을 사고파는 상인 집단. 비단길은 주로 낙타 카라반이 다녔어요.

탄약
총이나 대포에서 발사되는 탄알과 화약.

파라오
고대 이집트 왕의 칭호. 당시 이집트 사람들은 파라오가 신성한 힘을 가졌으며 태양신 라의 후손이라고 믿었어요.

팔라에스트라
고대 그리스와 로마의 레슬링 학교.

포위
성, 마을 또는 기타 요새화 된 건물을 에워싸고 봉쇄(입구와 출구를 막음) 하는 것.

프레스코화
벽면에 회반죽을 바르고 마르기 전에 그린 그림.

프리즈
건물 벽의 윗부분을 따라 이어지는 띠 모양의 장식.

필사본
손으로 써서 만든 책. 인쇄술이 발명되기 전에는 이런 책이 일반적이었어요.

황제
최고의 권력을 가진 제국의 지배자.

화산
땅속에서 만들어진 마그마가 지각의 틈을 통해 지표면으로 나오는 곳. 또는 분출물이 쌓여 만들어진 산.

찾아보기

사진 저작권

6 Alamy Stock Photo: mikeobiz (bl); Panther Media GmbH (cl). Getty Images: Xavier Desmier (t); Anna Gorin (br). 7 Alamy Stock Photo: Ulrich Doering (bl); Hemis (tl); Ian Littlewood (tr). Dreamstime.com: Anton Aleksenko (c). Getty Images: R.M. Nunes (br). 8 Alamy Stock Photo: CTK (tc); James King-Holmes (cr). Getty Images: DEA / A. Dagli Orti (b). Mittnik et al.: (cl). 9 Alamy Stock Photo: Album (br). Shutterstock.com: zedspider. 11 Alamy Stock Photo: blickwinkel (b); Ian Dagnall (tl); The Natural History Museum (c). Dorling Kindersley. Getty Images: DEA / A. Dagli Orti (cb). 12-13 Alamy Stock Photo: agefotostock. 14 Alamy Stock Photo: Sanja Radosavljevic (cl/sloe berries). Science Photo Library: PAUL D Stewart (cr). South Tyrol Museum Of Archaeology - www.iceman.it: Eurac / Samadelli / Staschitz (b). 14-15 Getty Images: Paul Hanny. 15 Alamy Stock Photo: mauritius images GmbH (br). 17 Bridgeman Images: © Wolfgang Neeb (t); © Wolfgang Neeb (cl). South Tyrol Museum Of Archaeology - www.iceman.it: Eurac / Samadelli / Staschitz (cr); Harald Wisthaler (b). 18 Alamy Stock Photo: (br); Heritage Image Partnership Ltd (c). Bridgeman Images: Sandro Vannini (cl). 18-19 Dreamstime.com: Anton Aleksenko (t). 19 Alamy Stock Photo: History & Art Collection (br); robertharding (bl). 22 Getty Images: DEA / A. Jemolo (bl). 23 Alamy Stock Photo: robertharding (cr). Bridgeman Images: Harvard University-Boston Museum of Fine Arts Expedition (br). Dorling Kindersley: Peter Harper / © The Trustees of the British Museum. All rights reserved. (tr). 24 Alamy Stock Photo: Jose Lucas (br). Bridgeman Images: NPL - DeA Picture Library (bl). Getty Images: Christophel Fine Art (bc). 25 akg-images: Heritage Images / Ashmolean Museum, University of Oxford (br). © The Trustees of the British Museum. All rights reserved. (tr). Getty Images: swisshippo (tc). 26 Bridgeman Images: Harvard University-Boston Museum of Fine Arts Expedition (bc); Sandro Vannini (bl). 27 akg-images: De Agostini Picture Lib. / G. Dagli Orti (br). Alamy Stock Photo: agefotostock (tc). Bridgeman Images: Werner Forman Archive (tr). 28-29 Bridgeman Images: NPL - DeA Picture Library / S. Vannini. 30 akg-images: Bible Land Pictures (b). Alamy Stock Photo: Tuul and Bruno

Morandi (cl); The Print Collector (cr). 30-31 Alamy Stock Photo: INTERFOTO (tr). 31 Alamy Stock Photo: The Print Collector (br). Getty Images: Photo Josse / Leemage (bl). 32 Alamy Stock Photo: Album (tr); Ivan Vdovin (tl); INTERFOTO (c); Zip Lexing (b). 34-35 Alamy Stock Photo: Tibor Bognar. 36 akg-images: (l). Bridgeman Images: Look and Learn (br). 36-37 Getty Images: Posnov (tr). 37 Alamy Stock Photo: INTERFOTO (br). Getty Images: Heritage Images (bc). 40 Alamy Stock Photo: Ancient Art and Architecture (cl). © The Trustees of the British Museum. All rights reserved. Getty Images: DEA / A. Dagli Orti (bl). 41 akg-images: jh-Lightbox_Ltd. / John Hios (br); Erich Lessing (cr). Alamy Stock Photo: PRISMA ARCHIVO (tr). 42 akg-images: MMA / Gift of George F. Baker / SCIENCE SOURCE (bl). 43 akg-images: jh-Lightbox_Ltd. / John Hios (bl); jh-Lightbox_Ltd. / John Hios (br). Alamy Stock Photo: Ivy Close Images (tr). 44 Alamy Stock Photo: agefotostock (cl); Pump Park Vintage Photography (bl); Athikhun Boonrin (cr); RichardBakerItaly (bc). Dorling Kindersley: James Stevenson / Museo Archeologico Nazionale di Napoli (c). 45 Alamy Stock Photo: Granger Historical Picture Archive (br). 48 Alamy Stock Photo: Azoor Travel Photo (bl). Dorling Kindersley: James Stevenson / Museo Archeologico Nazionale di Napoli (tr). 49 Alamy Stock Photo: Eye Ubiquitous (tr); robertharding (bl); Science History Images (br). 52 Dorling Kindersley: Dreamstime.com: Alvaro German Vilela (clb); James Stevenson / Museo Archeologico Nazionale di Napoli (tl); James Stevenson / Museo Archeologico Nazionale di Napoli (cr). Getty Images: DEA / L. PEDICINI (b). 53 Alamy Stock Photo: Chronicle (tr); ONOKY - Photononstop (c). 54 Alamy Stock Photo: Heritage Image Partnership Ltd (bl). DigVentures: (cl); Durham University (br). 54-55 DigVentures. 55 Bridgeman Images: (br). DigVentures: Durham University (cr). 58 Alamy Stock Photo: The Picture Art Collection (br). Bridgeman Images: British Library Board. All Rights Reserved (tl). Shutterstock.com: Alfredo Dagli Orti (cl). 59 akg-images: Heritage Images / Heritage Art (tc). Alamy Stock Photo: Daegrad Photography (tl); INTERFOTO (tr). DigVentures: Durham University (bl). 60 Alamy Stock Photo: Science History Images (c). Dorling Kindersley: Peter Anderson / Universitets Oldsaksamling, Oslo (cra); Dave King / Museum of London (cla). 61 Alamy Stock Photo: Science History Images (tr). 62-63 akg-images: Pictures From History. 64-65 Alamy Stock Photo: robertharding. 64 akg-images. Alamy Stock Photo: Nila Newsom (cr). 65 Alamy Stock Photo: Jake Lyell (br). 66 Alamy Stock Photo:

dave stamboulis (b); Igor Zhorov (tr). Getty Images: Selina Yau (tl). 68 Alamy Stock Photo: Ulrich Doering (cl). Classical Numismatic Group, LLC.: (bl). Marilee Wood: (cr). S. Wynne-Jones/Songo Mnara Urban Landscape Project: (br). 69 Alamy Stock Photo: Ulrich Doering; Jason Gallier (cr). 71 Alamy Stock Photo: Heritage Image Partnership Ltd (c); Eric Lafforgue (tr); NSP-RF (bl). © The Trustees of the British Museum. All rights reserved. 72 Alamy Stock Photo: Nic Hamilton Photographic (crb). Bridgeman Images. 73 Alamy Stock Photo: Historic Collection (r/inset); Hemis. 80-81 Shutterstock.com: Kharbine-Tapabor. 82 Alamy Stock Photo: Metta image (tl). Bridgeman Images. Crow Canyon Archaeological Center: Wendy Mimiaga (cl). 83 Alamy Stock Photo: Zachary Frank (r/inset); mikeobiz. 84 Alamy Stock Photo: Cultural Archive (cl); Chuck Place (bl); Jean Williamson (bc). Getty Images: Doug Meek (tl). 86 Dorling Kindersley: iStock: joakimbkk (crb). Getty Images: DEA / A. Dagli Orti (cl). Shutterstock.com: DeltaOFF (bl). 86-87 Getty Images: R.M. Nunes (t). Shutterstock.com: Dmitry Rukhlenko (bc). 87 Alamy Stock Photo: agefotostock (br). 88 Alamy Stock Photo: Charles O. Cecil (v); Veeravong Komalamena (tr). Bridgeman Images: Pictures from History / David Henley (bl). Shutterstock.com: Dale Warren (cl). 90 Alamy Stock Photo: Granger Historical Picture Archive (cr); Lordprice Collection (cl, c); IanDagnall Computing (bl). 90-91 Getty Images: Anna Gorin. 91 Getty Images: Austin Hou (br). 94 © The Metropolitan Museum of Art: (c). 95 Alamy Stock Photo: Zoonar GmbH (tl). Dorling Kindersley: Gary Ombler / University of Pennsylvania Museum of Archaeology and Anthropology (bl). 96 Alamy Stock Photo: Unlisted Images, Inc. (br). Getty Images: Markus Daniel (cr). 97 Bridgeman Images: Giancarlo Costa (br). Getty Images: Romina Moscovich / EyeEm (bl). 98-99 Getty Images: Istvan Kadar Photography. 100-101 Getty Images: DEA / W. BUSS (bl); DEA / W. BUSS (b/inset). 100 Alamy Stock Photo: CPA Media Pte Ltd (cl). 101 Alamy Stock Photo: V&A Images (bc). Bridgeman Images. 103 Alamy Stock Photo: Archive PL (bc); Historic Images (cr). Dreamstime.com: Jasonjung (b). © The Metropolitan Museum of Art. 104 akg-images. Alamy Stock Photo: History & Art Collection (bl); Michael Snell (cl). 104-105 Alamy Stock Photo: Panther Media GmbH (t). 105 akg-images. Alamy Stock Photo: BIOSPHOTO (br). 107 Alamy Stock Photo: ap-photo (br); BIOSPHOTO (tr); Rosanne Tackaberry (c). 108-109 naturepl.com: Oriol Alamany. 110 Alamy Stock Photo: Album (cr); coward_lion (cl); The History Collection

(bl): Art2010 (br). 110-111 Shutterstock.com: Kenan Yarici (t). 111 Alamy Stock Photo. 113 Alamy Stock Photo: Artokoloro (c); Oleksiy Maksymenko Photography (tr); B. David Cathell (bl); Heritage Image Partnership Ltd (br). 114 Alamy Stock Photo: Zvonimir Atletić (bl); Alexey Borodin (cla); Imaginechina Limited (cl); PlanetNextDoor (br). 114-115 Alamy Stock Photo: Ian Littlewood (b). 115 Alamy Stock Photo: Brent Hofacker (br); ZUMA Press, Inc. (bl). 118 Alamy Stock Photo: Betty Johnson (bl); LEJEANVRE Philippe (tl). 119 Alamy Stock Photo: CPA Media Pte Ltd (cr); PhotoStock-Israel (br). 120 Alamy Stock Photo: Don Bartell (cl); Jon Bower China (bl). 121 Alamy Stock Photo: Artokoloro (tc); Artokoloro (cr); BTEU / RKMLGE (br). 122 SavyBoat Models. 123 Getty Images: (br); Richard T. Nowitz (bl). Library of Congress, Washington, D.C.: (2007629014) (tc). Shutterstock.com: Steven Senne / AP (cr). Marie Zahn: (tr). 125 Getty Images: (cr, bl); Kathryn Scott Osler (br). Marie Zahn. 126 Alamy Stock Photo: Joanna Kalafatis (bl); Shelly Rivoli (cl); Dan Leeth (cr). Getty Images: Education Images (br). 126-127 Getty Images: Anna Henly (t). 127 Alamy Stock Photo: CPA Media Pte Ltd (br). 130 Alamy Stock Photo: dpa picture alliance (cl); David Wall (tc); INTERFOTO (bc, br). 131 Alamy Stock Photo: Noella Ballenger (bc). Dorling Kindersley: Neil Lukas (br). Michael H. Piatt. 132 Alamy Stock Photo: Unlisted Images, Inc. (cl). Dustin LeBrun: (bl). 133 Alamy Stock Photo: History & Art Collection (tr). Library of Congress, Washington, D.C.: (HABS CAL,26-BODI,2) (br). Michael H. Piatt: (cr). 134-135 Lori Hibbett. 136 Alamy Stock Photo: World History Archive (ca). Getty Images: Xavier Desmier (b). NOAA: Courtesy of Lori_Johnston RMS Titanic Expedition 2003 (cb). 136-137 Getty Images: Xavier Desmier (b). 137 Alamy Stock Photo: Panther Media GmbH (t). 144-145 Alamy Stock Photo: Everett Collection Inc. 146 Alamy Stock Photo: David Crossland (cl). Dorling Kindersley: Gary Ombler / Royal Artillery Museum, Royal Artillery Historical Trust (bl). Imperial War Museum: (Q_031465) (cr). 146-147 Alamy Stock Photo: Arterra Picture Library. 147 Alamy Stock Photo: Guido Vermeulen-Perdaen (br). 150 Alamy Stock Photo: dpa picture alliance (br); INTERFOTO (cr). 151 Alamy Stock Photo: INTERFOTO (tc); Panther Media GmbH (tr); Militarist (br). 152 Alamy Stock Photo: Paul Cox (cl). Imperial War Museum: (MUN_003239) (bl). 153 Alamy Stock Photo: Insook Gardiner (tr). Dorling Kindersley: Gary Ombler / Imperial War Museum (tc). Imperial War Museum: (Q_011655) (br). 154-155 Getty Images: adoc-photos.